Explication De La Technologie Blockchain

Guide Ultime Du Débutant Au Sujet Du Portefeuille Blockchain, Mines, Bitcoin, Ethéréum, Litecoin, Zcash, Monero, Ripple, Dash, IOTA Et Les Contrats Intelligents

Alan T. Norman

Traductrice: Yves Champagne

Obtenez votre livre **Bitcoin Whales** gratuitement en Bonus

(Trouvez-le à la fin du livre)

Droit d'auteur 2017 par Alan T. Norman.

Pourquoi Vous Devriez Lire Ce Livre

Si vous n'avez jamais entendu parler de Blockchain ou vous avez seulement une vague idée de la façon dont cette nouvelle technologie fonctionne, c'est le livre pour vous. Dans ce court guide, je vais vous expliquer l'essentiel de la façon dont la technologie de la chaîne de blocs fonctionne, en utilisant des explications simples et en donnant des exemples en cours de route. J'ai présenté beaucoup de gens à Blockchain, donc je sais où les débutants sont généralement confus et les principales questions qu'ils ont. Tous les principes de base sont abordés étape par étape dans ce livre, vous n'avez pas besoin de connaissances ou de compréhension spéciales de la technologie pour comprendre les concepts dans ce livre. Blockchain est une technologie, comme l'Internet ou l'ordinateur personnel, qui est destiné à être utilisé par les masses. Il détient le potentiel de révolutionner presque chaque interaction dans nos vies. Beaucoup de lecteurs auront entendu parler de Bitcoin et crypto monnaies. Il s'agit d'une application importante de la technologie Blockchain et de la première application. Cependant, la chaîne de blocs n'est pas limitée à l'utilisation dans les systèmes de financement et de paiement. Bien que nous allions certainement couvrir Bitcoin et d'autres cryptomonnaies dans ce livre, nous allons également examiner les applications potentielles de Blockchain à travers de nombreuses industries différentes.

CE N'EST PAS UN LIVRE SUR L'INVESTISSEMENT DANS BITCOIN OU AUTRES CRYPTO-MONNAIES

Au cours des dernières années, des centaines de nouvelles devises ont été créées, tous vivant en ligne, sur la chaîne de blocs. Pour les nouveaux arrivants à la technologie, il peut venir comme une surprise que les gens investissent sérieusement dans les devises numériques nouvellement inventées comme Bitcoin. Pour ceux d'entre vous qui sont nouveaux à Blockchain, l'idée d'investir dans la crypto-monnaie pourrait sembler attrayant. Un mot d'avertissement : investir dans la crypto-monnaie est un marché très volatile et extrêmement risqué. Faites vos recherches avant d'investir dans un crypto-monnaie pour s'assurer qu'il est légitime, et ne pas investir plus d'argent que vous pouvez vous permettre de perdre. Blockchain et les crypto-monnaies sont encore dans leurs premiers jours, et tout peut arriver à tout moment. Pendant que ces devises sont intéressantes et ont le potentiel de gagner une large utilisation, ce n'est pas un livre sur la crypto-monnaie. Si vous cherchez des conseils d'investissement ou des renseignements d'initiés sur les devises qui connaîtront le plus de succès, vous ne les trouverez pas dans ce livre, vous liriez mon autre livre – "Cryptocurrency Investing Bible".

Au lieu de parler d'investissement, ce livre se concentrera sur la façon dont la technologie Blokchainfonctionne et comment elle pourrait être utilisée à l'avenir. Les sujets que vous pouvez vous attendre à voir dans ce livre comprennent :

- Quel problème la technologie Blokchainrésout-elle?
- Comment la technologie peut-elle rendre nos institutions plus rapides et moins coûteuses?
- La technologie pourrait-elle remplacer totalement nos institutions (comme les gouvernements, les banques, etc.) ?
- Comment la Blockchain crée-t-elle la confiance entre étrangers?
- Comment la Blockchain augmente-t-elle la sécurité des transactions et des contrats?
- Peut-on utiliser la Blokchainen dehors des finances?
- Qu'est-ce qu'un bloc?
- Qu'est-ce qu'une Blockchain et pourquoi en avons-nous besoin?
- Qu'est-ce qu'une explication technique de ce qui se passe dans la Blockchain?
- Qu'est-ce que l'exploitation extraction et pourquoi en avons-nous besoin?
- Existe-t-il des solutions de rechange à l'extraction pour créer une Blockchain ?
- Quelle est l'histoire de Bitcoin?
- Bitcoin a-t-il des problèmes?
- Qu'est-ce que Ethereum, et qu'est-ce qu'un contrat intelligent?

- Y a-t-il d'autres technologies Blokchain que je devrais connaître?
- Comment les entreprises adoptent-elles la Blockchain ?
- Quels obstacles réglementaires pourraient ralentir l'adoption de la Blockchain?

Voilà beaucoup de questions. Si tu es prêt à les attaquer, je suis prêt.

QUE FAIT LA BLOCKCHAIN?

Avant d'entrer dans les détails techniques de la technologie Blockchain, il est important de comprendre les problèmes que la Blockchain résout. Pourquoi avons-nous besoin de la Blockchain, et que fait notre technologie actuelle? Les premiers utilisateurs de la technologie Bitcoin et de la Blockchain ont repéré ce qu'ils percevaient comme une faille fondamentale dans notre façon de penser les transactions, la confiance et les institutions sociales. Les premières versions de la Blockchain sont venues à peu près au même moment que la crise financière de 2007 aux États-Unis, lorsque de nombreuses personnes ont perdu confiance dans les institutions sociales qui étaient censées protéger les intérêts de l'homme ordinaire. Bien sûr, les gens ont été déçus par le système bancaire à la suite de la crise, mais ils ont également perdu confiance dans le gouvernement pour réglementer les marchés financiers et dans la presse pour enquêter sur les crises potentielles. En fait, les sondages Gallup et le baromètre Edelman Trust montrent tous deux une baisse constante de la confiance du public dans les institutions - banques, gouvernement, médias, universités et organismes sans but lucratif - au cours de la dernière décennie. La confiance dans les institutions est à un niveau historiquement bas dans l'histoire américaine, et des problèmes similaires affligent l'UE. (Brexit, ascension de Marine Le Pen, indépendance de la Catalogne, crise de la gouvernance en Grèce). L'idée fondamentale derrière les institutions est de créer la confiance entre étrangers dans la société. Nous avons des lois et des systèmes en place pour permettre à des millions de personnes qui ne se connaissent pas de vivre dans le voisinage les unes des autres. Cependant, les créateurs de Blockchain ont estimé que ces institutions ont échoué.

LE PROBLEME AVEC LES INSTITUTIONS

Pour voir pourquoi les créateurs de Blockchain veulent remplacer les institutions, il est utile de réfléchir à la façon dont nous en sommes arrivés au point où la confiance institutionnelle est si faible. Quelles sont les faiblesses des institutions et comment la Blockchain pourrait-elle les résoudre?

LA LENTEUR

La première et la plus grande faiblesse institutionnelle est la rapidité. Les institutions, de par leur nature même, sont lentes. Elles nécessitent des approbations et plusieurs cycles de vérification pour chaque relation, contrat et transaction. Les changements de politique au niveau institutionnel sont également lents. La création de nouvelles lois ou la mise en œuvre de nouvelles procédures peuvent prendre des mois ou des années. Par exemple, la production de votre déclaration de revenus prend des heures de travail et de maux de tête. Ensuite, le gouvernement doit vérifier les informations que vous avez soumises dans la déclaration avant de recevoir votre remboursement. Des mois, voire des années plus tard, le gouvernement peut choisir de vous auditer, auquel cas vous aurez besoin des copies d'exemplaires d'anciennes transactions financières datant de plusieurs années.

Un autre exemple est la durée des transactions bancaires. Il n'y a aucune raison, sur le plan technologique, pour qu'un transfert bancaire prenne plus de quelques minutes. Cependant, il faut généralement quelques jours ouvrables pour qu'une transaction soit compensée en raison d'une combinaison de systèmes périmés, de politiques internes et de règlements gouvernementaux qui exigent que la transaction soit analysée et traitée. La technologie de la chaîne de blocs est régie par ses utilisateurs et utilise la cryptographie pour protéger la vie privée des utilisateurs. Selon la façon dont le système est conçu, il peut être incroyablement rapide. Les nouveaux contrats intelligents peuvent automatiquement calculer et débourser quelque chose comme une déclaration de revenus ou même une facture d'entreprise une fois que certaines conditions sont remplies. Comme elle est fondée sur le consensus, la collectivité peut décider collectivement de mettre en œuvre un changement dans la façon dont le système fonctionne et de régler les problèmes au fur et à mesure qu'ils surviennent.

Les institutions traditionnelles sont également chères. Il est facile de désigner les taxes comme une dépense des institutions, mais tous les frais de transaction et les abonnements d'utilisateurs que vous payez chaque mois sont d'autres formes de dépenses institutionnelles. Au fil du temps, ces dépenses s'additionnent. Par exemple, les banques facturent des frais pour traiter les virements électroniques, convertir des devises ou même gérer votre compte. Les agences d'assurance exigent des frais administratifs intégrés à vos primes d'assurance. De nombreux détaillants en ligne facturent des frais de transaction par carte de crédit. Si vous dirigez une petite entreprise, vous trouverez des frais partout, du marketing au traitement des paiements. Nous sommes devenus si habitués à ces petits frais que le coût de la vie dans la société, mais la Blockchain espère remettre en cause cette hypothèse. Les contrats et les transactions de la Blockchain ont lieu sur un réseau partagé. Les utilisateurs du réseau interviennent également pour vérifier les transactions des autres. Au lieu qu'une autorité centrale facture des frais pour vérifier votre transaction, vous vérifiez une autre transaction sur le réseau en échange du traitement de votre propre transaction. Toutes les technologies de Blockchain ne fonctionnent pas exactement de cette façon, mais l'idée est la même pour la plupart d'entre elles. En participant au réseau, vous

vous retrouvez avec moins de frais que si vous auriez payé à une institution traditionnelle.

SUSCEPTIBILITÉ AUX ATTAQUES

La cybercriminalité est en hausse, et il est maintenant courant d'entendre parler des grandes institutions qui se font pirater ou qui ont des atteintes aux données personnelles. La vulnérabilité aux attaques est l'une des raisons pour lesquelles la confiance envers les institutions diminue. Lorsque vous centralisez des données, vous êtes sûr de trouver de mauvais acteurs qui cherchent à tirer parti de cette information.

Le piratage d'Equifax de 2017 aux États-Unis est un exemple majeur. Equifax recueille des renseignements sur le crédit des consommateurs aux États-Unis, y compris les numéros de carte de crédit, les renseignements sur la sécurité sociale, les noms complets, les adresses et l'historique des paiements. L'atteinte à la protection des données en septembre 2017 a touché 143 millions de consommateurs, mettant en évidence les dangers de faire confiance à la sécurité des données à une grande institution. Certaines technologies de la chaîne de blocs sont plus sécuritaires que d'autres, et chaque technologie a sa propre méthode pour assurer la confidentialité. Cependant, étant donné que chaque relation, contrat et transaction est chiffrée individuellement, même si vous deviez violer un élément de renseignements personnels, vous n'auriez pas accès à l'information de quelqu'un d'autre dans le processus.

Remplacer Les Institutions Par La Technologie

La plupart des gens conviendraient que nos institutions ont des défauts et ne sont pas des solutions parfaites. Mais ils résolvent les problèmes de confiance, et ils le font depuis des centaines d'années. En fait, nous vivons probablement à l'ère la plus paisible et la plus confortable de l'histoire humaine. Toute alternative à nos institutions actuelles doit avoir des avantages et une force clairs. L'idée derrière la Blockchain est de remplacer les institutions par une technologie qui peut mieux faire le travail et autonomiser les individus. Si vous pouviez créer un moyen pour les étrangers de se faire confiance sans avoir besoin d'une banque ou d'un gouvernement comme intermédiaire, vous vous attaqueriez à l'un des plus gros goulots d'étranglement de la société. Mais pour ce faire, vous auriez besoin d'un système puissant pour créer un consensus entre étrangers, et les créateurs de Blockchain croient que le pouvoir réside dans la décentralisation. Toutes les applications de la Blockchain (et d'autres technologies cryptographiques) reposent essentiellement sur le concept de décentralisation . Au lieu d'une autorité centrale rigide et lente à prendre des décisions et à régir les relations, la Blockchain cherche à rendre le pouvoir réglementaire aux individus. Au lieu de faire confiance à une grande institution, la Blockchain renforce la confiance par le consensus.

Un Nouveau Paradigme Technologique

La base de toute la chaîne de blocs et de la technologie cryptographique est le réseau pair-à-pair. Traditionnellement, lorsque nous pensons à la confiance, nous considérons les institutions comme des intermédiaires. À l'heure actuelle, si je voulais vous envoyer $100, nous aurions besoin d'un virement bancaire:

1. Premièrement, je soumettrais le transfert à la banque.
2. Ensuite, ma banque exigerait des frais en pourcentage pour traiter la transaction
3. Ma banque vérifie que j'ai $100 dans mon compte
4. Ma banque demande à votre banque si votre compte est valide et ouvert pour les dépôts
5. Ma banque met à jour son grand livre de comptes pour soustraire $100 de mon compte
6. Votre banque met à jour son grand livre pour ajouter $100 à votre compte.

Une interconnexion de réseaux de pair-à-pair n'a pas besoin d'intermédiaire. Il utilise plutôt un grand livre distribué pour traiter les transactions. Tous les ordinateurs qui font partie du réseau tiennent à jour une copie du grand livre, et les transactions sont systématiquement ajoutées au grand livre. Il est incroyablement difficile de changer le registre une fois qu'il est rédigé, parce que cela exigerait de changer la copie du registre sur des milliers d'ordinateurs dans le réseau de pairs. «Voici comment le même transfert de $100 fonctionnerait sur un réseau de pairs avec un grand livre distribué:

1. Premièrement, je présente la demande de transfert au réseau
2. Ensuite, les ordinateurs les plus proches de moi sur le réseau vérifient que j'ai suffisamment de monnaie dans mon compte et que votre compte de réception est valide
3. Une fois qu'ils ont vérifié la transaction, ils l'ont transmise à tous les ordinateurs près d'eux sur le réseau
4. À leur tour, ces ordinateurs vérifient à nouveau la transaction et la transmettent, ce qui donne lieu à un effet cascade jusqu'à ce que la transaction soit ajoutée à chaque registre du réseau de pairs.

Puisque les ordinateurs du réseau de pair à pair sont à la fois des utilisateurs et des vérificateurs, les transactions de la chaîne de blocs peuvent être sans coût. L'effet cascade de la vérification des transactions signifie qu'une transaction peut être traitée en minutes ou en heures plutôt qu'en jours.

EDIFIER LA CONFIANCE

La nature peer-to-peer de la Blockchain renforce la confiance sans les institutions. Étant donné que tous ceux qui utilisent le réseau ont une copie du grand livre, la Blockchain promet une nouvelle ère de transparence dans la comptabilité. Je peux facilement voir si vous m'avez envoyé $100 et que la transaction a été vérifiée. Une fois que vous l'avez fait, je sais que vous ne pourrez pas annuler la transaction ou annuler les frais, car ils ont été vérifiés par le réseau. Les nouvelles avancées de la Blockchain signifient également que je peux créer un contrat entre nous qui ne paie qu'une fois certaines conditions sont remplies, ce qui nous permet de faire des affaires en sachant que le contrat est financé et ne sera payé que si les travaux sont terminés.

Augmenter La Connexion

L'un des plus grands avantages potentiels de la technologie Blockchain est une connexion mondiale accrue. Lorsque vous pouvez facilement envoyer des devises à n'importe qui dans le monde, les frontières nationales et régionales commencent à s'effondrer. Il devient plus facile de faire confiance à des étrangers, où qu'ils se trouvent dans le monde. De la même manière que l'Internet connecte le monde, la Blockchain promet désormais de créer la confiance entre les gens dans le monde. La Blockchain peut être utilisée pour créer des contrats entre étrangers, permettre aux citoyens de voter de manière anonyme et mettre fin à la falsification des élections, et connecter des appareils intelligents qui assurent la sécurité des citoyens. Il est même possible que la Blockchain puisse être utilisée pour des référendums publics quotidiens ou hebdomadaires sur de nouvelles lois où vous pouvez voter depuis votre ordinateur personnel. La véritable démocratie populaire changerait définitivement le fonctionnement du gouvernement, donnant le contrôle des lois et des politiques à la population.

AUGMENTER LA PRODUCTIVITE

Un avantage de deuxième niveau de la Blockchain est une productivité accrue. Actuellement, les institutions pèsent sur l'économie, car les gouvernements prélèvent des impôts pour gérer la bureaucratie et les banques facturent des frais pour le transfert et la détention d'argent. Une économie et une société basées sur la Blockchain peuvent être nettement plus efficaces. Comme effet secondaire, le même niveau de confiance sociétale pourrait être maintenu avec une diminution significative de la quantité de travail requise.

LA SECURITE ET LA CONFIDENTIALITE

Ainsi, la Blockchain a le potentiel de vérifier les relations, les contrats et les transactions plus efficacement que les grandes institutions. Mais l'efficacité est inutile si le système n'est pas également hautement sécurisé. Bien que la technologie peer-to-peer existe depuis la création de l'Internet, ces réseaux n'étaient pas sécurisés de la manière dont nous nous attendons à ce que les institutions financières et les gouvernements le soient. Une banque traditionnelle protège la vie privée en limitant l'accès aux informations aux seules parties concernées. Les livres de banque sont des documents internes, et lorsque vous vérifiez l'historique de vos transactions, vous ne pouvez voir que les transactions dans lesquelles vous êtes impliqué. Ce rôle de tiers de confiance, le maintien d'un livre de comptes non public est le rôle principal d'une banque. Le grand livre public est le fondement de la sécurité de la Blockchain, mais un grand livre public signifie que la confidentialité est compromise. C'était l'un des problèmes fondamentaux des transactions peer-to-peer avant 2008. Personne ne pouvait comprendre comment garantir la confidentialité lors de l'utilisation d'un grand livre public. Les avantages du grand livre distribué étaient énormes en termes de rapidité, de coût et de fiabilité. Cependant, les consommateurs n'étaient pas susceptibles d'adopter un système permettant de retrouver toutes leurs transactions.

La Cryptographie

Le premier niveau de protection de la sécurité et de la vie privée dans la chaîne de blocs est la cryptographie. L'information sur les transactions est regroupée. Cela comprend l'identification de la transaction, l'heure, le montant, l'adresse de l'expéditeur et l'adresse du destinataire. Les renseignements sur la transaction sont ensuite passés par une fonction de hachage cryptographique avant d'être ajoutés au grand livre. Lorsque l'information sur la transaction a été chiffrée, elle ressemble à ceci (exemple d'une transaction Bitcoin du 20 octobre 2017) :

aba128d3931e54ce63a69d8c2c1c705ea9f39ca950df13655d92db662515eacf

Une fonction de hachage cryptographique raccourcit et normalise le nombre de caractères dans une description de transaction, ce qui signifie que plus de transactions peuvent être envoyées sur le réseau à tout moment. Si je regarde la liste des transactions, il est impossible de dire quoi que ce soit au sujet de l'expéditeur, du destinataire et du montant. Cependant, puisque les normes de chiffrement de Bitcoin sont accessibles au public est encore possible de déchiffrer la transaction et d'apprendre plus de détails, y compris la clé publique de l'expéditeur, la clé publique du destinataire, et le montant envoyé.

De nouveaux concurrents Bitcoin utilisent différents types de cryptographie pour brouiller davantage l'information sur la transaction, ce qui rend impossible d'apprendre des informations sur la transaction une fois qu'il a été inclus dans le grand livre.

Nous discuterons plus en détail du chiffrement et du hachage dans un prochain chapitre.

Le Grand Livre Distribue = Difficile A Changer

Le grand livre distribué, l'un des principaux défis de la confidentialité, est également un élément clé de la sécurité de la Blockchain. Un grand livre traditionnel géré par une banque est protégé par de nombreuses couches de sécurité pour empêcher les modifications non autorisées. Cependant, si un attaquant était en mesure d'accéder au grand livre, il pouvait instantanément apporter des modifications. Les livres à propriétaire unique font également l'objet de transactions frauduleuses. Si un voleur d'identité ou un fournisseur malveillant envoie une demande de transaction à la banque en votre nom, il est possible que la transaction soit approuvée à votre insu. Le fait d'avoir un seul propriétaire du grand livre signifie que les banques doivent dépenser de l'énergie et des frais généraux importants pour la médiation des plaintes et la gestion des cas de fraude. Le grand livre partagé modifie ces problèmes. Étant donné qu'il existe des milliers de copies indépendantes du grand livre sur les ordinateurs individuels du réseau, une fois qu'une transaction a été ajoutée au grand livre, il est presque impossible de la modifier. (Nous discuterons des raisons techniques pour lesquelles c'est le cas dans un chapitre ultérieur).

Étant donné que la technologie Blockchain utilise un registre distribué, tout le monde a une copie de toutes les transactions qui se déroulent dans le réseau. Le registre des transactions doit être public pour fonctionner. Cependant, sans mesures de sécurité appropriées, n'importe qui dans le monde pourrait voir ce que vous avez acheté et auprès de qui. Les mises en œuvre de la Blockchain résolvent ce problème de sécurité de différentes manières, mais la plupart s'appuient sur un système qui déconnecte vos informations personnelles de votre compte. Par exemple, les portefeuilles Bitcoin sont anonymes et vous pouvez en avoir plusieurs. La seule chose requise pour accéder à votre compte est une clé privée que vous seul connaissez. Bien que tout le monde puisse voir votre adresse de portefeuille publique, il ne saura rien à qui appartient le portefeuille. Dans le livre blanc original pour Bitcoin, il est suggéré de créer un nouveau portefeuille pour chaque transaction que vous effectuez sur le réseau Bitcoin afin de maintenir l'anonymat. Les autres crypto-monnaies, comme Monero, espèrent améliorer davantage le niveau de confidentialité des transactions Blockchain. Monero utilise des adresses furtives, dissocie les identifications d'utilisateur des montants de transaction et obscurcit les pistes de transaction afin de garantir la confidentialité (voir le chapitre sur Monero pour plus d'informations). Le résultat est une crypto-monnaie complètement introuvable qui est toujours prise en charge par un grand livre public distribué.

IMAGINER UN AVENIR BLOCKCHAIN

Jusqu'à présent, nous avons couvert les raisons de base pour lesquelles la Blockchain a été inventée, ce qu'elle fait et un aperçu général des méthodes utilisées par la Blockchain. Nous ne faisons qu'effleurer la surface, cependant, et nous aborderons les détails techniques des solutions de Blockchain dans le chapitre suivant. Tout d'abord, examinons quelques cas d'utilisation potentiels de la technologie Blockchain. Il est important de réaliser que la technologie de la Blockchain est bien plus importante que le Bitcoin. Même si Bitcoin échoue demain, la technologie Blockchain sera toujours viable dans de nombreuses industries. Alors que de nouveaux développements se poursuivent dans les réseaux peer-to-peer, la programmation de chaînes de blocs et de nouvelles formes de cryptographie, la tendance à la confiance distribuée se poursuivra en raison des avantages évidents en termes de vitesse, de coût et de sécurité. Bien que ce ne soit pas Bitcoin ou Ethereum qui alimente l'avenir de la Blockchain, vous pouvez être sûr que les technologies derrière la Blockchain seront mises en œuvre au cours des prochaines décennies. L'effet global sera des contrats plus efficaces, des transactions plus rapides et des coûts plus bas pour les opérateurs. La Blockchain a également le potentiel de changer notre façon de faire les courses, de voyager, d'élire des dirigeants, de travailler et de vivre.

LA FINANCE

Les applications financières de la Blockchain obtiennent la majeure partie de la couverture médiatique et sont généralement les premières plateformes basées sur la Blockchain dont les consommateurs entendent parler. Il y a de fortes chances que votre première exposition au mot "Blockchain" ait eu lieu lors d'une discussion sur Bitcoin. Cela a du sens pour deux raisons. Premièrement, la Blockchain utilise des registres et les registres sont les mieux adaptés au monde financier. La technologie est parfaite pour les applications financières. Deuxièmement, la première mise en œuvre réussie de la Blockchain, Bitcoin, a été conçue dès le départ pour être une monnaie. Un avenir financier basé sur la Blockchain semble radicalement différent du système bancaire actuel. L'utilisation de l'argent liquide est déjà en baisse, et il est probable que les pays occidentaux pourraient facilement passer à des services bancaires entièrement électroniques dans un avenir proche. Dans l'avenir de la Blockchain, toutes les transactions pourraient être payées à partir de votre portefeuille de crypto-monnaie. Grâce à une nouvelle technologie hautement évolutive, votre transaction peut être traitée et vérifiée en quelques secondes. Les fournisseurs n'auraient pas à payer pour le traitement des paiements, et acheter quelque chose serait probablement aussi simple que d'autoriser la transaction à l'aide de votre téléphone ou d'un autre appareil connecté. Bien qu'un avenir sans espèces semble probable, il n'est pas clair qui contrôlera la monnaie numérique. La question de savoir si les monnaies décentralisées comme Bitcoin ou les grandes banques l'emporteront à la fin reste à débattre. Les banques envisagent déjà des moyens d'intégrer la technologie de la Blockchain dans leurs pratiques actuelles afin de saisir les avantages de la Blockchain tout en conservant leur rôle d'intermédiaire de confiance dans les transactions financières. La réglementation des marchés financiers changera également. Les gouvernements doivent collecter des impôts et lutter contre le blanchiment d'argent, et ces deux tâches deviennent plus faciles et plus difficiles en utilisant la Blockchain. Étant donné que le grand livre est public, le suivi des transactions est beaucoup plus facile, mais avec les transactions anonymes et les comptes fantômes, il est probable que la réglementation financière du gouvernement deviendra plus difficile. C'est une des raisons pour lesquelles les grandes banques peuvent continuer à contrôler les marchés financiers, même après avoir mis en œuvre les meilleures pratiques de la Blockchain.

LES CONTRATS INTELLIGENTS

Les paiements sont un exemple de contrat basé sur la Blockchain, mais il existe déjà de nombreuses applications en cours de développement sur la

Blockchain. Ces contrats utilisent la nature distribuée de la Blockchain pour créer la confiance sans avoir besoin d'une institution, et ils ne peuvent pas être supprimés ou perturbés par des entités extérieures.Ethereum est la Blockchain où la plupart de ces applications sont construites, et c'est la deuxième plus précieuse Blockchain dans le monde, après Bitcoin. Ethereum permet aux développeurs de s'appuyer sur sa Blockchain, et les développeurs peuvent créer des programmes sur Ethereum comme ils le feraient dans n'importe quel autre langage de programmation. Cela signifie qu'Ethereum héberge des jeux en ligne, des plateformes de médias sociaux et des fournisseurs de services, tout comme sur l'Internet. La seule différence est que ces programmes sont décentralisés. Une fois créés, ils dureront aussi longtemps que la Blockchain Ethereum. Étant donné que les utilisateurs du monde entier maintiennent la Blockchain Ethereum, un gouvernement ne peut pas faire supprimer le service, et aucun utilisateur ne peut supprimer ou modifier le contenu du service. Ce qui est marrant avec les contrats intelligents, c'est qu'ils sont illimités. Tout ce que vous pouvez coder sur un ordinateur peut être codé sur la Blockchain. À l'avenir, cela inclura probablement également l'intelligence artificielle et d'autres formes d'apprentissage automatique, rendant l'IA facilement accessible à toute personne faisant partie du réseau peer-to-peer de la Blockchain.

La technologie de la Blockchain ne se limite pas au financement. Ces dernières années, des technologies ont émergé qui permettent aux développeurs de créer des programmes supérieurs à la Blockchain. Cela signifie qu'un morceau de code est intégré dans la Blockchain et appliqué par le réseau peer-to-peer. Un bon exemple de la façon dont cela pourrait fonctionner est le vote. À l'heure actuelle, nous comptons sur les commissions électorales, les institutions centrales pour administrer les élections et compter les votes. Ces systèmes ne sont pas parfaits. Ils doivent se rendre au bureau de vote un certain jour en personne, vérifier votre identité et votre droit de vote, et remplir un bulletin de vote secret dans un isoloir. Chacune de ces étapes pose des problèmes aux électeurs. Si je ne peux pas me rendre au bureau de vote le jour en question, je ne peux pas voter. Si je n'ai pas mon identité avec moi ou si je n'ai pas reçu de pièce d'identité de l'État, je ne peux pas voter. Si je termine mon bulletin de vote de manière incorrecte, mon vote ne sera pas compté et, dans certains scénarios, des problèmes techniques ou des erreurs de calcul signifient que les votes sont exclus. À la fin du jour du scrutin, je dois faire confiance aux travailleurs électoraux de tout le pays pour ne pas tricher et comptabiliser équitablement les votes. Dans les pays où un dictateur est au pouvoir ou où les institutions ne sont pas fortes, les élections peuvent être truquées sans recours pour les électeurs. Les développeurs de Blockchain espèrent résoudre ces problèmes avec des contrats de vote intelligents via un registre distribué sur la Blockchain. L'idée est simple: créer un réseau peer-to-peer où les individus peuvent soumettre leurs votes sans avoir besoin de faire confiance à la commission électorale ou d'être là en personne. Cependant, la mise en œuvre est difficile. Comment vérifiez-vous l'identité? Comment empêchez-vous les gens de voter plus d'une fois? Si le registre est sur la Blockchain, comment gardez-vous les votes anonymes? Il faudra une cryptographie intelligente avant que nous ayons un vote basé sur la Blockchain, mais les implications sont énormes. Dès que voter devient aussi simple que de se connecter sur son téléphone ou son ordinateur et de voter, la démocratie directe et les référendums publics fréquents deviennent plus réalisables. Les décisions politiques pourraient être prises par les masses. En fait, vous pouvez voter plusieurs fois par jour sur les référendums dans votre ville.

Bien qu'il faille du travail pour s'assurer que les experts rédigent et examinent les politiques sur lesquelles le public vote, il n'est pas loin de penser que la gouvernance pourrait devenir plus agile et plus réactive grâce à la Blockchain.

CROWDFUNDING & ICOS

Le crowdfunding, ou financement participatif, est un exemple de service utilisant des contrats intelligents. Nous avons l'habitude de penser aux campagnes Kickstarter, et l'idée est assez simple. Les gens contribuent à une bonne idée. Lorsque l'idée atteint son objectif de financement, les créateurs de l'idée sont payés pour produire l'idée. S'ils n'atteignent pas l'objectif de financement, les bailleurs de fonds d'origine reçoivent leur argent.

Sur la Blockchain, toute la collecte de fonds, le calcul et le financement / retour d'argent sont automatisés et immuables dans un contrat intelligent. En tant qu'application décentralisée sur la Blockchain, il n'y a plus de Kickstarter en tant qu'intermédiaire. Au lieu de cela, le contrat intelligent décide du moment où une idée sera financée et les créateurs ne paient aucun frais pour le service. Récemment, le crowdfunding Blockchain a gagné en popularité pour financer de nouvelles idées de démarrage, menaçant le modèle traditionnel de financement de démarrage, de capital-risque, et les investisseurs institutionnels. Les fondateurs de start-up peuvent désormais proposer un type de véhicule d'investissement public, connu sous le nom d'offre initiale de pièces de monnaie (ICO), où chacun peut investir dans une idée en échange d'une participation à la croissance de l'entreprise. Alors que les ICO sont devenus incroyablement populaires et que beaucoup ont réussi, ils sont également largement non réglementés, ce qui en fait des investissements très risqués et soumis à des pratiques d'investissement douteuses comme la manipulation des prix à la pompe et à la décharge.

LES ASSURANCES

L'assurance automobile est un autre exemple de contrat intelligent potentiel. Avec la croissance de minuscules capteurs et appareils dans nos voitures, nous ne sommes pas loin de pouvoir détecter quand vous avez été dans un accident et envoyer ces informations à une application décentralisée sur la Blockchain. Lorsqu'elle est intégrée à l'intelligence artificielle, à la vision par ordinateur et aux capteurs intelligents dans votre voiture, l'application Blockchain peut prendre une décision si vous êtes en faute et payer la réclamation en quelques secondes, tant que vous payez vos primes chaque mois. Maintenant, il n'y a plus de compagnie d'assurance pour les frais généraux, et l'application d'assurance Blockchain n'essaie pas de gagner de l'argent, donc vos primes mensuelles ne sont que ce qu'elles doivent être.

L'IDENTITE ET L'IDENTITE DES CHOSES

Le registre distribué de Blockchain peut également héberger des informations sur l'identité.

Au lieu de compter sur des institutions centralisées pour délivrer des pièces d'identité nationales, des permis de conduire, des passeports, des certificats, des diplômes et des comptes, la Blockchain peut faciliter une identité transparente tout-en-un. La sécurité de la Blockchain signifierait que vos transactions restent anonymes par défaut. Cependant, vous pouvez choisir de partager des informations d'identité dans le cadre de l'exécution d'un contrat intelligent. Au fil du temps, nous pourrions normaliser l'identité et la citoyenneté mondiales sur la Blockchain pour chaque personne vivante.

La même gestion des identités peut s'appliquer aux produits, packages, machines, etc. C'est ce qu'on appelle l'identité des choses (IDoT) et cela a d'énormes implications pour la gestion de la chaîne d'approvisionnement, la logistique d'expédition, l'infrastructure et d'innombrables autres interactions quotidiennes. Imaginez commander des lunettes personnalisées. En usine, vos lunettes reçoivent un identifiant unique et vous pouvez suivre l'ID de la machine qui travaille actuellement sur votre ID de lunettes. Une fois en route, vous pouvez suivre l'ID du colis, en sachant où il se trouve, l'ID du camion sur lequel il se trouve et où ce camion se trouve actuellement.

L'INTERNET DES OBJETS

Il y a des milliards d'appareils dans le monde qui collectent des informations chaque seconde. Les capteurs de température, les caméras et les balances s'intègrent rapidement en ligne. C'est l'Internet des objets (IoT).

Les feux de circulation utilisent désormais une combinaison de capteurs de poids et de caméras de circulation, ainsi qu'un logiciel d'optimisation, pour réduire la congestion dans les centres-villes. Les agriculteurs utilisent des pluviomètres et des stations de surveillance des sols pour répartir avec précision l'irrigation et les engrais.

Tous ces milliards d'appareils ont besoin d'un moyen de stocker et de partager leurs informations, et les registres distribués sont bien adaptés à ces applications. De plus, ces appareils pourraient apprendre à échanger le stockage, la bande passante et la puissance de traitement dans une microéconomie contrairement à tout ce que nous n'avons jamais vu auparavant.

Comment Fonctionne La Blockchain?

En termes plus simples, la Blockchain utilise une combinaison de cryptographie et d'un registre public pour créer la confiance entre les parties tout en préservant la confidentialité. La compréhension des mécanismes de fonctionnement est un peu plus difficile, mais afin d'apprécier pleinement le génie derrière la technologie de la Blockchain, nous allons besoin de plonger dans les détails techniques.

Alors que les Blockchains peuvent inclure beaucoup plus de fonctionnalités, les principes fondamentaux d'une Blockchain sont au nom de la technologie:

- Le bloc - Un bloc est une liste de transactions d'une certaine période. Il contient toutes les informations traitées sur le réseau au cours des dernières minutes.
- La chaîne - Chaque bloc est horodaté, placé dans l'ordre chronologique et lié au bloc avant lui à l'aide d'algorithmes cryptographiques. Ces algorithmes sont difficiles à calculer pour les ordinateurs et prennent souvent plusieurs minutes à résoudre pour les ordinateurs les plus rapides du monde. Une fois résolue, la chaîne cryptographique verrouille le bloc en place, ce qui rend son changement difficile. (Nous verrons cela plus en profondeur dans une minute).

La chaîne s'allonge avec le temps. Une fois un nouveau bloc créé, les ordinateurs du réseau travaillent ensemble pour vérifier les transactions dans le bloc et sécuriser la place de ce bloc dans la chaîne.

Dans ce chapitre, nous allons voir ce qu'il y a à l'intérieur d'un bloc et comment il est créé. Nous allons ensuite nous tourner vers la chaîne et examiner les différentes façons dont les chaînes de blocs d'aujourd'hui sont sécurisées. Nous essaierons d'éviter le code informatique et les explications compliquées. L'important ici est d'obtenir une compréhension de base de la manière dont les parties d'une Blockchain fonctionnent ensemble.

Les Grands Livres Distribues

La partie la plus fondamentale de la Blockchain est le grand livre. C'est là que les informations sur les comptes sur le réseau sont stockées. Le grand livre à l'intérieur de la Blockchain est ce qui remplace le grand livre d'une banque ou d'une autre institution. Pour une crypto-monnaie, ce registre se compose généralement de numéros de compte, de transactions et de soldes. Lorsque vous soumettez une transaction à la Blockchain, vous ajoutez des informations au grand livre sur la provenance et la destination des devises.

Comme nous l'avons déjà vu, un registre de la Blockchain est distribué sur le réseau. Chaque nœud du réseau conserve sa propre copie du grand livre et la met à jour lorsque quelqu'un soumet une nouvelle transaction. Ce «grand livre distribué» est la manière dont la Blockchain a l'intention de remplacer les banques et autres institutions. Au lieu de demander à la banque de conserver une copie officielle du grand livre, nous demanderons à chacun de conserver sa propre copie du grand livre, puis nous vérifierons les transactions par consensus.

Chaque technologie de Blockchain a son propre registre, et les différents registres fonctionnent très différemment (comme nous le verrons). Cependant, le registre Bitcoin, le premier registre de la Blockchain, nécessite trois informations pour répertorier une transaction:

- Une entrée - Si Amy veut envoyer à Ben un Bitcoin, elle doit d'abord dire au réseau où elle a obtenu ce Bitcoin. Peut-être qu'Amy a reçu le Bitcoin hier de Sarah, donc la première partie de l'entrée du grand livre le dit
- Un montant - C'est combien Amy veut envoyer à Ben;
- Une sortie - Il s'agit de l'adresse Bitcoin de Ben où le Bitcoin doit être déposé.

Vient maintenant un concept difficile à saisir: il n'y a pas de Bitcoin. Bien sûr, il n'y a pas de Bitcoins physiques. Vous le saviez probablement déjà. Cependant, il n'y a pas non plus de Bitcoins sur un disque dur.

Vous ne pouvez pas pointer vers un objet physique, un fichier numérique ou un morceau de code et dire «c'est un Bitcoin». Au lieu de cela, l'ensemble du réseau Bitcoin n'est qu'une série d'enregistrements de transactions. Chaque transaction dans l'histoire de Bitcoin vit dans le grand livre distribué de la Blockchain Bitcoin. Si vous voulez prouver que vous avez 20 Bitcoins, la seule façon de le faire est de pointer vers les transactions où vous avez reçu ces 20 Bitcoins.

Presque toutes les Blockchains ont cette caractéristique en commun. L'historique des transactions est la devise, il n'y a aucune différence entre les deux. Certaines nouvelles crypto-monnaies modifient la façon dont le grand livre est écrit afin de fournir un plus grand anonymat et confidentialité dans les transactions. Ils utilisent certaines techniques de masquage d'identité pour masquer l'expéditeur et le destinataire de la transaction tout en conservant un registre distribué fonctionnel. (Nous verrons cela plus en détail dans les chapitres sur Dash, Zcash et Monero.)

LE PROBLEME DES «DEPENSES DOUBLES»

Bien sûr, comme il n'y a pas de crypto-monnaie physique ou même de fichier numérique sur lequel vous pouvez pointer, nous rencontrons quelques défis techniques pour implémenter une monnaie numérique. Le plus grand de ces défis est le problème de la double dépense, où un attaquant pourrait vous envoyer un jeton, puis envoyer le même jeton à quelqu'un d'autre un instant plus tard. La double dépense signifie que les jetons peuvent être dépensés plusieurs fois, augmentant l'inflation et dévaluant la crypto-monnaie.

Par exemple, lorsque vous envoyez une transaction sur la Blockchain Bitcoin, vous transférez simplement une transaction que vous avez reçue de quelqu'un d'autre. Le problème de la double dépense survient lorsqu'un attaquant tente d'envoyer une transaction deux fois, cela fonctionne donc comme suit:

- ✓ L'attaquant reçoit Bitcoin d'Alice
- ✓ Le portefeuille de l'attaquant ressemble à ceci: [Alice -> 1BTC -> Attaquant] & [Bob -> 1 BTC -> Attaquant]
- ✓ L'attaquant dépense ensuite l'argent en retransmettant une transaction passée. Par exemple, [Alice> Attaquant> Vous]
- ✓ Le problème de double dépense survient lorsque l'attaquant dépense simultanément la pièce deux fois. Par exemple: [Alice> Attaquant> Vous, 1 BTC] ET [Alice> Attaquant> Quelqu'un d'autre, 1 BTC] l'un après l'autre.

Lorsque vous utilisez une banque, la banque intercepte cette erreur et invalide l'une des transactions. Cependant, Bitcoin n'a pas d'autorité centrale. Au lieu de cela, Bitcoin utilise la cryptographie pour rendre statistiquement très difficile la création de fausses transactions.

Premièrement, l'attaquant ne pouvait pas doubler ses dépenses au même instant. S'il envoyait deux transactions en conflit en même temps, tout le monde sur le réseau pourrait voir ces deux transactions dans le même bloc. Le réseau en invaliderait un.

L'attaquant pourrait essayer de doubler les dépenses l'une après l'autre. Cependant, le réseau rejetterait également une transaction faisant référence à une pièce déjà dépensée.

La seule chance de l'attaquant est de convaincre une partie du réseau d'accepter l'une de ses transactions et de convaincre l'autre partie du réseau d'accepter l'autre transaction. Cela divise le réseau en deux flux, appelés «fourches». Plusieurs fourches de la Blockchain peuvent exister sur Bitcoin.

Les créateurs de Bitcoin ont résolu ce défi de bifurcation et de problème de double dépense, en rendant le lien entre les blocs difficile à calculer. Puisqu'il faut tellement de temps pour créer et valider cryptographiquement un nouveau bloc, il est peu probable que deux blocs soient créés en même temps. Même si deux blocs sont créés simultanément, le protocole Bitcoin indique aux participants du réseau de suivre la chaîne la plus longue. Dès qu'un nouveau bloc est créé, le réseau revient à une seule version du registre.

Étant donné que plusieurs fourches sont théoriquement possibles, il est sage d'attendre que plusieurs blocs passent avant de considérer une transaction «confirmée». Une fois confirmée, cependant, cette transaction est immuable. Il est presque impossible de créer une Blockchain frauduleuse assez rapidement pour remplacer la Blockchain honnête. Voyons comment cela fonctionne.

La Creation D'un Bloc

Le grand livre distribué est le cœur du bloc, mais ce n'est pas la seule chose qui va dans un bloc nouvellement créé. Il y a un en-tête et un pied de page requis pour chaque bloc. De plus, les transactions incluses dans le bloc sont soumises à un processus qui les comprime, les encode et les normalise. Lorsqu'un vérificateur crée un nouveau bloc, il est complètement différent du grand livre sur lequel il était basé. Cependant, le registre sous-jacent est toujours là et peut être vérifié à l'avenir lorsque de nouvelles transactions nécessitent des informations sur les blocs précédents. Tous les ordinateurs du réseau de la chaîne de blocs ne travailleront pas sur la création et le cryptage des blocs. Ces tâches sont généralement laissées à un groupe spécifique de vérificateurs qui choisissent d'examiner les transactions dans le bloc en échange d'une récompense. Il existe plusieurs façons dont ces vérificateurs examinent, valident et certifient les transactions dans un bloc. Nous examinerons ces méthodes de validation dans les sections sur la «preuve de travail» et la «preuve de participation». Avant d'atteindre le stade de la certification du contenu du bloc, ils doivent créer le bloc. Quelle que soit la chaîne de blocs, la création de blocs suit généralement une procédure similaire:

- ✓ Ajouter de nouvelles transactions
- ✓ Compiler et raccourcir le grand livre
- ✓ Tamponnez-le avec l'heure et l'identifiant du bloc.

Voyons comment tout cela fonctionne ensemble.

L'ajout Des Transactions

La première étape de la création d'un bloc consiste à rassembler et à ajouter toutes les transactions en cours au grand livre du bloc. Lorsqu'un utilisateur crée une nouvelle transaction, il diffuse cette transaction sur l'ensemble du réseau. En tant que vérificateur, le travail de votre ordinateur consiste à examiner la transaction pour vous assurer qu'elle est valide. Comme les monnaies de la chaîne de blocs ne sont rien de plus qu'une série de transactions, votre première étape pour vérifier une transaction est de regarder où l'expéditeur dit qu'il a initialement obtenu ses fonds. Les vérificateurs conservent un historique complet de l'ensemble de la Blockchain, jusqu'au premier bloc. Ils ont un enregistrement de chaque transaction qui ne s'est jamais produite sur le réseau.

En tant que vérificateur, vous passez en revue l'historique de la Blockchain pour trouver le bloc et la transaction où l'expéditeur a reçu les fonds. Si cette transaction d'entrée est confirmée sur la Blockchain, alors la transaction est valide et vous devrez confirmer l'adresse du destinataire. Si la transaction d'entrée n'existe pas ou a déjà été dépensée, la transaction en cours n'est pas valide et ne sera pas incluse dans le grand livre. En tant que vérificateur, il vous incombe d'inclure et de vérifier autant de transactions que possible au cours des dernières minutes. Par exemple, sur la Blockchain Bitcoin, un nouveau bloc est créé toutes les dix minutes, en moyenne. Avec chaque nouveau bloc, la Blockchain Bitcoin ajoute 1 500 à 2 000 nouvelles transactions. Cela représente plus de 200 000 transactions par jour, et chacune doit être vérifiée.

Les vérificateurs utiliseraient des «nœuds complets». Un nœud est un point sur le réseau d'égal-à-égal. Il s'agit d'un nœud complet, car le vérificateur a téléchargé l'historique complet de la chaîne de blocs et vérifie les demandes de transaction sur le réseau.

LA COMPILATION DU GRAND LIVRE

Une fois que vous avez vérifié toutes les transactions de votre bloc, il est temps de créer le grand livre. Pour un exemple simple, vous commencerez par lister les transactions l'une après l'autre:

[Adresse d'entrée] [Adresse de l'expéditeur] [Montant] [Adresse de sortie],

[Adresse d'entrée] [Adresse de l'expéditeur] [Montant] [Adresse de sortie],

[Adresse d'entrée] [Adresse de l'expéditeur] [Montant] [Adresse de sortie],

[Adresse d'entrée] [Adresse de l'expéditeur] [Montant] [Adresse de sortie], ...

Ensuite, vous appliquerez une technique cryptographique appelée hachage à chacune des transactions. À sa plus simple expression, le hachage prend une chaîne de caractères et génère une autre chaîne de caractères. Ainsi, lorsque vous introduisez l'adresse d'entrée, le montant et l'adresse de sortie dans un algorithme de hachage, cela transforme la transaction en une chaîne de caractères unique à cette transaction, comme ceci:

aba128d3931e54ce63a69d8c2c1c705ea9f39ca9 50df13655d92db662515eacf

-C'est un hachage de transaction réel de la Blockchain Bitcoin

Nous avons déjà vu cet exemple dans la section "cryptographie et sécurité" du premier chapitre. Mais maintenant, examinons ce que le hachage accomplit:

- Il standardise: vous pouvez avoir des transactions de tailles et de complexité différentes et elles sont toutes transformées en une chaîne de 64 caractères. Qu'il s'agisse d'un mot ou d'un paragraphe entier, tout texte peut être normalisé en un hachage de 64 caractères.
- Il est unique - La façon dont l'algorithme cryptographique fonctionne, en changeant même un caractère du texte original vous donne une sortie complètement différente.
- C'est déterministe - Tant que vous saisissez exactement la même entrée d'origine, vous obtiendrez toujours la même sortie.
- Cela ne fonctionne que dans un sens - c'est ce qu'on appelle la résistance de pré-image. La sortie d'un hachage est directement liée à l'entrée, mais il serait incroyablement difficile de travailler en arrière et de déterminer l'entrée en fonction de la sortie uniquement.

Voici un exemple de hachage en action pour illustrer ces concepts:

Entrée	Sortie
Bonjour	185f8db32271fe25f561a6fc938b2e264306ec304eda518007d1764826381969
Bonjour.	2d8bd7d9bb5f85ba643f0110d50cb506a1fe439e769a22503193ea6046bb87f7
bonjour	2cf24dba5fb0a30e26e83b2ac5b9e29e1b161e5c1fa7425e73043362938b9824

Vous pouvez voir que même le plus petit changement dans l'entrée donne une sortie complètement différente (unique), et peu importe la longueur du texte d'entrée, on reçoit toujours un texte de sortie de 64 caractères (dans cette fonction de hachage) (normalisé). Ce n'est pas aléatoire car on obtiendra toujours le même hachage en entrant «Bonjour» (déterministe), mais si je vous donnais la sortie, il serait très difficile de travailler en arrière pour trouver l'entrée (résistance de pré-image).

Nous utilisons donc le hachage pour standardiser les données tout en nous assurant qu'elles n'ont pas été falsifiées. Si quelqu'un essayait de changer une transaction dans la Blockchain, il devrait refaire cette transaction, et ça aurait l'air complètement différent. Il serait évident qu'il a été falsifié.

Pour rendre encore plus difficile la falsification de la chaîne de blocs et réduire la mémoire requise pour stocker le registre des transactions, la plupart des chaînes de blocs hachent plus d'une fois. Cela signifie qu'elles prennent le hachage d'une transaction, le combinent avec le hachage d'une autre transaction et le re-hachent en un nouveau hachage plus petit. La combinaison de transactions de cette manière est connue sous le nom d'arbre Merkle, et le hachage racine de toutes les transactions est inclus au début du bloc. Comprendre pourquoi nous avons besoin d'un arbre Merkle est un sujet pour un livre plus approfondi, mais à un niveau de base, l'arbre Merkle montre que toutes les transactions dans le bloc sont valides tout en utilisant moins de mémoire à long terme.

HORODATAGE ET IDENTIFICATION DE BLOC

Le dernier élément d'un bloc est l'horodatage et toute information d'ID de bloc. Cela permet de rechercher facilement les blocs précédents une fois le temps écoulé. Les transactions futures pourront également pointer vers cet ID de bloc comme le bloc contenant la transaction d'entrée (également connue sous le nom de «coinbase») pour la transaction en cours.

LIAISON DES BLOCS ENTRE EUX

La dernière étape de la création d'un bloc consiste à le lier aux blocs précédents de la chaîne. Il existe plusieurs façons de le faire, mais pratiquement toutes impliquent le hachage d'une manière ou d'une autre pour intégrer le contenu du bloc précédent dans le nouveau bloc. Rappelez-vous que le hachage prend une entrée, quelle que soit sa taille, et la transforme dans une chaîne de caractères. Si vous modifiez l'entrée même légèrement, la sortie entière est modifiée. Afin d'inclure le contenu du bloc précédent dans le nouveau bloc, nous pouvons prendre le hachage de tout le bloc précédent et l'ajouter au début du bloc suivant. Cela signifie que nous avons effectivement lié l'ancien bloc au nouveau bloc, car si quelque chose change dans l'ancien bloc, même le plus petit changement, le hachage du bloc entier changera. Maintenant, une fois qu'un bloc est terminé, il devient BEAUCOUP plus difficile pour le changer. Si vous modifiez un bloc plus ancien, vous devrez ré-hacher tout le bloc. Une fois que vous avez ré-haché tout le bloc 1, vous devez ouvrir le bloc 2, supprimer l'ancien hachage du bloc 1, insérer le nouveau hachage du bloc 1, et maintenant ré-hacher tout le bloc 2. Mais de nouveaux blocs sont créés tous les temps, afin de modifier une transaction plus ancienne, vous devez modifier chaque bloc après que cette transaction a eu lieu. Plus le temps passe, plus il devient difficile de pirater le réseau et de modifier avec succès une transaction. Le hachage est au cœur de la sécurité de la Blockchain. La cryptographie rend le registre des transactions difficile à modifier, ce qui signifie que le registre peut être public et sécurisé en même temps, mais le hachage lui-même n'est pas si difficile. La plupart des ordinateurs pourraient facilement hacher à nouveau une chaîne de blocs en quelques secondes. Ainsi, afin de garantir que la sécurité de hachage fait son travail, nous devons introduire un niveau de difficulté dans la création d'un nouveau bloc. Idéalement, ce serait quelque chose qui ralentirait un attaquant et rendrait plus probable la victoire de membres honnêtes du réseau. Dans la Blockchain Bitcoin (et la plupart des autres Blockchains modernes), cette difficulté supplémentaire est appelée «preuve de travail».

LA PREUVE DE TRAVAIL

Afin de ralentir les attaquants et de garantir la sécurité de la Blockchain, il doit y avoir plus de vérificateurs honnêtes sur le réseau que les attaquants malhonnêtes. En d'autres termes, puisque la Blockchain est basée sur le consensus, nous avons besoin d'un système où les gens sont récompensés pour être honnêtes et punis pour avoir créé de fausses transactions. Nous devons également ralentir la création de blocs afin que l'ensemble du réseau ait la possibilité de vérifier les transactions et de certifier les nouveaux blocs avant la création du bloc suivant.

La solution la plus largement adoptée à ce problème est la preuve de travail. Au plus simple, le système de preuve de travail implique de donner à tous les ordinateurs du réseau un problème très difficile. Les ordinateurs qui choisissent de concourir pour résoudre ce problème sont appelés mineurs. Après que chaque mineur ait compilé le bloc actuel, il commencera le processus de résolution du casse-tête difficile pour ce bloc. Le premier ordinateur du réseau à résoudre le casse-tête reçoit un prix, et le bloc que l'ordinateur a compilé est accepté sur le réseau comme le nouveau bloc de la chaîne.

Le prix pour la résolution du casse-tête s'appelle une «récompense de bloc», et c'est une incitation pour les nouveaux mineurs à rejoindre le réseau et à essayer de travailler sur le bloc le plus récent. Actuellement (12 février 2018), la récompense du bloc Bitcoin est de 12,5 BTC ou 108000 USD. Si votre ordinateur résout le casse-tête, vous obtenez cette récompense. Inutile de dire qu'il y a maintenant des dizaines de milliers de mineurs sur le réseau Bitcoin, tous se battant pour résoudre le puzzle et gagner la récompense. Le résultat est que le réseau Bitcoin a une vérification indépendante de grande envergure. Si vous vouliez essayer de changer la Blockchain Bitcoin, vous auriez besoin de plus de puissance de calcul que ces dizaines de milliers de mineurs réunis.

Alors, quel est ce casse-tête qui est au cœur de la sécurité de Bitcoin?

L'EXTRACTION

La caractéristique fondamentale du puzzle est que vous ne pouvez pas trouver la réponse sans deviner et vérifier à plusieurs reprises. Résoudre le casse-tête et gagner la récompense de bloc ne nécessite aucune compétence ou matériel spécial. Cela prend juste du temps. En fait, votre ordinateur personnel ou votre téléphone portable pourrait compléter le puzzle avec suffisamment de temps.

Étant donné que le puzzle nécessite un martèlement répété jusqu'à ce que vous trouviez la bonne réponse et remportez le prix, les personnes qui participent à la résolution de ces puzzles basés sur la Blockchain sont appelées des mineurs.

L'exploration sur Bitcoin ou toute autre crypto-monnaie de preuve de travail implique d'ajouter une pièce de plus au bloc avant qu'il ne soit terminé. Cette petite pièce supplémentaire est appelée un "nonce", et elle est essentielle pour prouver les systèmes de travail. Le nonce est la réponse au puzzle. Il est également totalement dénué de sens en lui-même. N'oubliez pas que nous avons discuté du hachage et de la façon dont le hachage transforme une information de bloc entière en une seule chaîne de caractères. Par exemple, un hachage d'un bloc pourrait ressembler à ceci:

f358f1293d6ed3a3b029af24bd0818c531e8e31c af6d062577b4f6876e53d650

Le casse-tête derrière la preuve de travail consiste à utiliser le nonce pour manipuler le hachage du bloc. Restez avec moi ici, car cela pourrait prêter à confusion, mais nous aurons un exemple dans une seconde pour clarifier les choses. Si nous ajoutions une lettre ou un chiffre au bloc ci-dessus, nous obtiendrions un hachage entièrement différent, comme ceci:

eb5c7f52857a294c3f5925b1d66cbf9dd4760ca1f7e047453636c661fc093e8e

Le casse-tête derrière la preuve de travail consiste donc à faire démarrer le hachage du bloc par un zéro [0 ...]. Finalement, si je continue d'ajouter des caractères absurdes à la fin du bloc, je finirai par obtenir un hachage qui commence par un zéro. Une fois que je l'ai fait, j'ai résolu le problème. Le petit peu de personnages absurdes que je devais placer à la fin? C'est le nonce.

Voici un exemple. Disons simplement que nous essayons de résoudre une preuve de travail pour la chaîne "Bonjour". Mais cette fois, au lieu d'accepter des caractères absurdes, disons que le nonce doit être le plus petit nombre possible. Pour trouver la réponse, je devrais compter à partir de zéro jusqu'à ce que j'obtienne une réponse gagnante. Cela ressemblerait à ceci:

Input	Output
Bonjour	eb5c7f52857a294c3f5925b1d66cbf9dd 4760ca1f7e047453636c661fc093e8e
Bonjour **0**	80878c5b013ba72c0d2b7e8f65868649 cbdb1e7e7a8c8a07537d6b3619e4e32f
Bonjour **1**	948edbe7ede5aa7423476ae29dcd7d61 e7711a071aea0d83698377effa896525
Bonjour **2**	be98c2510e417405647facb89399582fc 499c3de4452b3014857f92e6baad9a9
Bonjour **3**	**0**945f30798c28800c64afeb4bd218873f a7a2ad2e97ee68db067b2eb63cb0e9c

Dans cet exemple, mon hachage de sortie a commencé avec un zéro lorsque mon nonce était «3». Nous n'avons pas eu à essayer trop de nonces pour obtenir la bonne réponse! C'était assez facile. Mais cela deviendrait beaucoup plus difficile si vous me demandiez de trouver un nonce qui génère un hachage avec deux zéros de tête [00 ...], et je ne voudrais pas trouver le nonce pour trois zéros de tête [000 ...] par la main.

La difficulté actuelle du Bitcoin est de 18 zéros non significatifs [0000000000000000000 ... - c'est un peu plus compliqué que le nombre de zéros non significatifs, comme nous le verrons dans le chapitre suivant, mais les zéros non significatifs sont une bonne manière visuelle de comprendre la difficulté de minage] . Il faut environ dix minutes à certains des ordinateurs les plus rapides du monde pour trouver le bon nonce pour l'extraction de Bitcoin. Il est difficile d'exagérer la difficulté d'un problème que les mineurs de Bitcoin résolvent. Nous approfondirons les difficultés dans le prochain chapitre sur le hachage.

La récompense élevée de l'extraction mérite de consacrer toute cette puissance de calcul à un problème aussi difficile pour certains mineurs avec des machines très efficaces. Pour les attaquants, le niveau de difficulté élevé rend très difficile la soumission d'un mauvais bloc au réseau et presque impossible de modifier un bloc existant. Pour ce faire, vous devez être en mesure de calculer le nouveau nonce pour le bloc que vous souhaitez modifier et pour chaque bloc par la suite. Et vous devez être en mesure de le faire avec plus de puissance de calcul que les mineurs honnêtes du réseau afin que votre nouvelle chaîne de blocs se développe plus rapidement et finisse par dépasser la chaîne honnête.

(Si vous voulez en savoir plus sur extraction et le potentiel de vous impliquer dans l'extraction de crypto-monnaie, consultez mon Guide ultime de l'extraction de crypto-monnaie).

LE CONSENSUS

Lorsqu'un mineur résout le casse-tête difficile, l'ordinateur diffuse sa réponse au réseau. Les nœuds complets et les autres mineurs sur le réseau examinent l'historique du registre, vérifient la réponse du mineur pour s'assurer qu'elle inclut des transactions valides.

Si c'est le cas, alors c'est le bloc valide le plus récent, et d'autres mineurs commenceront à travailler sur un nouveau puzzle basé sur les résultats du bloc terminé. Si le bloc nouvellement extrait n'est pas valide, les nœuds du réseau refuseront de l'accepter. Personne ne commencera à travailler sur un nouveau bloc au-dessus du bloc invalide, et donc le bloc invalide sera orphelin.

Les mineurs du réseau sont programmés pour fonctionner uniquement sur la chaîne valide la plus longue. De cette façon, la puissance de calcul du réseau converge sur une seule chaîne valide dans le temps et évite les chaînes invalides.

LE PROBLÈME DES 51%

Afin de mettre en œuvre une attaque et de créer une chaîne non valide, vous auriez besoin de plus de puissance de calcul que les mineurs honnêtes de la Blockchain. C'est ce qu'on appelle le «problème à 51%». Si, d'une manière ou d'une autre, un attaquant était en mesure d'amasser 51% de la puissance extraction sur une Blockchain, l'attaquant pourrait créer des transactions bidon.

Sur les grandes chaînes de blocs aujourd'hui, une attaque de 51% est hautement improbable. Les monnaies établies et précieuses comptent déjà des dizaines de milliers de mineurs avec des quantités incroyables de puissance de calcul. Pour gagner 51% de la puissance de calcul sur le réseau minier Bitcoin ou Ethereum, vous devez investir des millions de dollars en matériel.

Les monnaies Blockchain plus récentes et moins établies peuvent avoir moins de puissance de calcul, mais elles ont également moins de valeur. Une attaque de 51% contre ces devises plus vulnérables serait moins rentable. Cela ne veut pas dire que l'attaque de la monnaie entraînerait presque certainement une perte de valeur sur les échanges publics.

Les Couts

La preuve de travail est bien éprouvée et efficace, mais elle n'est pas sans problèmes. Le plus gros problème est la consommation d'énergie. Étant donné que des centaines de milliers d'ordinateurs travaillent sur le même problème, la preuve de travail minier consomme beaucoup d'électricité. Les estimations actuelles estiment que la preuve du travail minier pourrait utiliser autant d'électricité que tout le pays du Danemark d'ici 2020.

Le problème de la consommation d'énergie est aggravé lorsque vous considérez que nous payons nos factures d'électricité en monnaie fiduciaire (par exemple dollars, euros, livres, yens). Cela signifie que la révolution de la crypto-monnaie crée paradoxalement un énorme besoin pour les devises qu'elle essaie de remplacer.

La Preuve De Participation

Une petite poignée de pièces de monnaie moins connues ont éloigné la charge de la preuve du travail vers un autre moyen de vérification appelé «preuve de mise». Leur succès précoce et l'intérêt général des développeurs pour explorer des options moins énergivores ont conduit la deuxième plus grande crypto-monnaie au monde, Ethereum, à envisager sérieusement de passer d'une preuve de travail à une preuve de participation.

La différence entre les deux systèmes est énorme. La preuve de travail implique des milliers d'ordinateurs en compétition pour résoudre un puzzle. Pour prouver l'enjeu, le créateur d'un nouveau bloc est choisi en fonction du pourcentage de l'offre globale de pièces qu'il possède. Par exemple, si je possède 1% de toutes les pièces Ethereum dans le monde, j'ai 1% de chances d'être choisi pour créer le bloc suivant.

À votre tour, vous assemblez toutes les transactions et compilez les pièces du bloc. Vous le liez ensuite au bloc précédent. Bien qu'il n'y ait pas de «récompense globale» comme preuve de mise, vous recevez des frais de transaction payés pour les transactions de ce bloc. Après avoir soumis le bloc au réseau pour approbation, quelqu'un d'autre sera choisi pour assembler le bloc suivant. Vous ne pourrez pas recréer un bloc pendant un certain temps.

Si vous décidez d'inclure de fausses transactions ou de modifier les transactions dans le bloc que vous construisez, vous prenez un risque énorme. Si le réseau vous rattrape, vous perdrez toutes vos pièces. De cette façon, vous gagnez une petite récompense pour être honnête, et vous risquez de tout perdre si vous êtes malhonnête.

Les Économies d'énergie

Comme un seul ordinateur sur le réseau doit travailler pour construire le bloc à la fois, les économies d'énergie sont énormes. Rappelez-vous qu'avec la preuve du travail, des milliers d'ordinateurs sont en concurrence sur le même problème, mais un seul d'entre eux gagne. Cela signifie que tous les autres non gagnants ont tout simplement gaspillé l'électricité qu'ils ont dépensée pour régler le problème. La preuve de l'intérêt, d'autre part, a le potentiel d'être des milliers de fois plus rentable par rapport à la preuve de travail.

La preuve de l'enjeu nécessite toujours d'autres ordinateurs sur le réseau pour vérifier les transactions et examiner le travail du constructeur de bloc actuel, mais ces ordinateurs n'ont pas besoin d'exécuter leurs processeurs à la capacité maximale (comme dans la preuve de travail) pour faire leur travail.

LE FUTUR

La preuve de l'intérêt est encore une petite technologie, et il n'a pas encore été adopté par l'un des principaux acteurs de la crypto-monnaie. Cependant, c'est sur le point de changer en 2018 lorsqu'Ethereum prévoit de mettre en œuvre un changement de la preuve de travail à la preuve de participation. Le commutateur d'Ethereum sera la première adoption à grande échelle du nouveau protocole de preuve de mise. Selon toute vraisemblance, le commutateur impliquera une « fourchette dure. » Cela signifie qu'une ancienne version de la chaîne de blocs Ethereum continuera d'exister avec la preuve de travail, mais la nouvelle monnaie va se ramifier et concurrencer son frère héritage. Si Ethereum met en œuvre avec succès la preuve de participation, il pourrait être le premier de nombreuses devises faisant le changement.

LES AUTRES MECANISMES DE CONSENSUS

Il existe de nombreux autres mécanismes consensuels, notamment la preuve d'activité, la preuve de brûlure, la preuve de capacité, les méthodes byzantines basées sur la tolérance aux pannes, etc. Chacun de ceux-ci ne représente qu'une petite partie des projets de Blockchain et est trop détaillé pour être exploré en profondeur dans ce livre. En tant que nouveau venu dans la Blockchain, vous devez connaître la preuve de travail et la preuve d'enjeu, mais également savoir que de nouvelles méthodes de consensus sont disponibles et en augmentation à mesure que la preuve de travail atteint ses limites.

Fonctions De Hachage Cryptographique: Une Plongée Profonde Sur Le Fonctionnement Du Hashing De Blockchain

Ce chapitre est ici à la demande générale des commentaires des lecteurs. C'est une plongée profonde dans le fonctionnement du hachage. Cela va devenir très technique, et vous n'avez pas besoin de lire cette section pour comprendre les bases de la Blockchain. N'hésitez pas à passer au chapitre suivant, «Bitcoin: la mère de toute la Blockchain», si ce chapitre devient trop technique pour vous. Vous pourrez toujours comprendre le reste du livre sans lire ce chapitre. Pour les âmes courageuses qui veulent plonger dans le hachage, commençons.

Qu'est-ce qu'une fonction de hachage cryptographique?

Le minage de Bitcoin et d'autres schémas de preuve de travail utilisent largement les fonctions de hachage cryptographique. Ainsi, quiconque veut comprendre en profondeur la Blockchain doit en savoir plus sur le hachage cryptographique.

Nous savons déjà qu'une fonction de hachage cryptographique prend une chaîne de caractères, quelle que soit sa durée, et transforme cette chaîne en une chaîne de caractères aléatoires d'une longueur standard. (Dans l'exemple que nous allons utiliser, la sortie comporte 64 caractères, mais il existe des fonctions de hachage de plus en plus courtes.)

Nous avons vu précédemment qu'une fonction de hachage a quelques propriétés essentielles:

1. C'est une fonction à sens unique, ce qui signifie:
    a. Il est facile de progresser pour calculer le hachage d'une entrée (peut-être pas facile à la main, comme nous le verrons, mais facile pour un ordinateur).
    b. Il est impossible de travailler en arrière pour trouver une entrée qui produit un hachage donné. (alias la résistance à la pré-image). La seule façon de le faire est la force brute, en devinant et en vérifiant les entrées potentielles des milliers ou des millions de fois.
2. Une petite modification apportée à une entrée modifie considérablement sa valeur de hachage.
3. C'est déterministe, donc la même entrée produit toujours le même hachage.

Ces propriétés font du hachage une solution idéale pour toutes sortes d'applications, pas seulement pour la Blockchain. Vous pouvez utiliser une fonction de hachage pour ajouter une signature numérique à un document. Si vous publiez le hachage du document en ligne avec un fichier, toute personne qui télécharge le fichier peut rapidement voir s'il a été modifié ou falsifié, simplement en exécutant un hachage et en le comparant avec celui que vous avez publié en ligne.

Vous pouvez également utiliser le hachage d'un fichier ou d'un document comme identifiant unique de ce document. Pour l'algorithme que nous examinerons dans ce chapitre, SHA-256, il n'y a jamais eu d'instance où deux entrées différentes ont produit la même sortie. (Ceci est appelé «collision» en cryptographie.) Il existe 2256 sorties de hachage possibles. Même les ordinateurs les plus puissants du monde travaillant ensemble auraient besoin de plus de temps que toute l'histoire de l'univers pour trouver une collision SHA-256.

HISTORIQUE DU HACHAGE

SHA signifie «Secure Hash Algorithm». Les algorithmes de hachage cryptographique SHA sont les plus largement utilisés et reconnus. Ils proviennent de la National Security Agency des États-Unis, une agence de renseignement chargée du renseignement sur les signaux, de la transmission et de l'interception des renseignements étrangers et du contre-espionnage.

La NSA a partagé les algorithmes SHA publiquement parce que, même en sachant comment ils fonctionnent, vous ne pouvez pas les renverser ou les déconstruire. SHA est maintenant normalisé et maintenu par l'Institut national des normes et de la technologie.

Il existe d'autres algorithmes de hachage utilisés dans une variété de projets. Ce chapitre se concentrera sur SHA, en particulier SHA-256, mais il convient de noter que les chaînes de blocs peuvent fonctionner et fonctionnent sur une variété d'algorithmes de hachage. Ils atteignent des objectifs similaires mais nécessitent un matériel différent pour fonctionner efficacement, d'où la variation.

Aperçu De Haut Niveau Du Hachage Dans La Preuve De Travail

Pour nos besoins, les algorithmes de hachage sont utiles pour l'exploration de preuves de travail, comme décrit ci-dessus. Les mineurs compilent toutes les informations du bloc. Ensuite, ils ajoutent un nonce à l'en-tête du bloc. Ils commencent par ajouter zéro,

"0000000000"

Et ils complètent un hachage SHA-256 du bloc. Le résultat ressemble à ceci:

"8fc49a37693b9427e0dfd4d09d03faf974fe8270
1a2f1c1ee078924f87507166"

N'oubliez pas que l'extraction sur Bitcoin n'est réussie que lorsque vous trouvez un hachage qui comporte 18 zéros en tête. Il s'agit d'un hachage infructueux, nous devons donc essayer un autre nonce. En raison des caractéristiques des algorithmes de hachage, essayer un nonce légèrement différent nous donnera une réponse complètement différente.

Cependant, Bitcoin récompense le mineur qui trouve le nonce le plus bas, nous allons donc répéter de un et réessayer:

Nonce: "0000000001"

Hachage:

«d13b969ce6872745059bf8516211d49b904d0
b5fcde9b11b8195235b7ee6ce38»

Toujours pas de chance. Continuons à essayer, en répétant les nonces de 0 à 9 999 999 999. À un moment donné, nous pouvons en trouver un qui a un hachage avec 18 zéros en tête:

"00000000000000000005ef2bdc34baac64d1f51e 209554202c83fad1f857619d1"

Si oui, félicitations! Nous venons d'extraire notre premier bloc Bitcoin réussi. Nous diffuserons le blocage sur le réseau. Tout le monde exécutera notre bloc et notre nonce, et s'ils conviennent que le bloc est valide, nous aurons la récompense du bloc. En fait, nous avons déjà inclus une transaction dans notre bloc qui nous envoie 12,5 BTC nouvellement minés. Une fois que nous avons trouvé un bloc, tout le monde commence à extraire un nouveau bloc et le processus recommence.

Il est cependant très peu probable que nous trouvions un hachage réussi. Il est probable que nous atteindrons un nonce de "9999999999" et aucun de nos hachages n'aura satisfait aux critères (18 zéros). Que pouvons-nous faire?

Eh bien, il est probable que le temps s'est écoulé depuis que nous avons commencé à vérifier les nonces. Nous pouvons mettre à jour l'horodatage dans notre bloc. Étant donné que même une petite modification du bloc signifie que le hachage sera entièrement différent, nous pouvons à nouveau travailler de 0 à 9 999 999 999. Nous pouvons également changer l'ordre des transactions dans notre bloc, ajouter plus de transactions ou modifier l'adresse à laquelle la récompense extraction 12,5 BTC (la transaction coinbase) doit être consultée.

Tous ces petits changements introduisent 9 999 999 999 nonces supplémentaires que nous devons vérifier, jusqu'à ce que nous en trouvions un avec 18 zéros en tête. Cela peut sembler beaucoup, mais considérez que les ordinateurs d'extraction les plus rapides peuvent calculer plus de 1 térahash par seconde. C'est 1 000 000 000 000 de tentatives par seconde. Tous les ordinateurs d'exploration de données sur le réseau Bitcoin ont un hashrate combiné de plus de 22 000 000 000 000 000 000 de hachages par seconde. Pourtant, à la difficulté actuelle (18 zéros), il faut en moyenne dix minutes à tous ces ordinateurs pour trouver un hachage réussi.

Il est difficile d'exagérer à quel point il est difficile de trouver un hachage réussi. C'est plus difficile que d'essayer de localiser un seul grain de sable sur toutes les plages du monde. C'est la clé de la sécurité de la preuve du travail. Remplacer la Blockchain par une chaîne frauduleuse vous obligerait à hacher plus rapidement que les nœuds de la chaîne honnête. C'est extrêmement improbable.

LE HACHAGE S'APPLIQUE-T-IL EN PREUVE D'ENJEUX ET D'AUTRES MECANISMES DE CONSENSUS?

Oui! La preuve des systèmes de mise et de nombreux autres mécanismes de consensus reposent toujours sur le hachage, bien que les exigences de difficulté et la capacité de modifier le hachage d'un bloc donné soient considérablement modifiées. Ces mécanismes de consensus ne reposent pas uniquement sur le hachage pour sécuriser la Blockchain comme le fait la preuve de travail.

Cela dit, le hachage relie toujours les blocs entre eux et sert de signature que le bloc n'a pas été modifié. Nous utilisons également le hachage pour créer de nouvelles adresses de portefeuille et à divers autres emplacements dans les applications de la chaîne de blocs.

Un Mot Rapide Sur La Preuve De Difficulte Du Travail D'extraction

J'ai défini la difficulté d'exploration de données par le nombre de zéros non significatifs qu'un hachage doit avoir, car c'est un moyen visuel facile de comprendre la difficulté d'exploration de données. La vérité est plus compliquée et variable.

Bitcoin ajuste la difficulté d'extraction d'un nouveau bloc en fonction de la puissance de hachage actuellement sur son réseau. À mesure que de plus en plus de mineurs se joignent, Bitcoin ajuste l'extraction pour devenir plus difficile. Ces ajustements ne sont pas définis en termes de zéros non significatifs. Au lieu de cela, ils sont mis à jour sous forme de formule. Le hachage du bloc doit être inférieur à la difficulté cible.

En pratique, cela signifie que le hachage peut nécessiter moins de 18 zéros ET autre chose, comme ceci:

Nouveau hachage <00000000000000000075

Vous pourriez théoriquement hacher un bloc qui a 18 zéros non significatifs, mais il ne serait toujours pas valide si les chiffres du nid étaient supérieurs à «75».

Par conséquent, les ajustements de difficulté de Bitcoin sont beaucoup plus précis que l'ajout ou la soustraction de zéros depuis le début du hachage.

EXPLOITER UN BLOC DE BITCOIN À LA MAIN

Nous avons donc vu à quel point il est difficile de trouver un nonce réussi et d'exploiter un bloc Bitcoin. Mais que fait exactement le processeur de l'ordinateur lorsqu'il termine le hachage SHA-256?

C'est la partie où les choses deviennent très ringardes très rapidement. Lecteur, méfiez-vous. Nous allons parcourir un exemple de hachage SHA-256 réussi pour extraire un bloc Bitcoin pour voir exactement comment cela fonctionne. Fondamentalement, nous allons extraire un bloc Bitcoin à la main, en ce moment, ici même dans ce livre.

L'extraction de bitcoins prend une entrée de 160 caractères (connue sous le nom d '"en-tête de bloc") et la hache en une sortie de 64 caractères (le hachage du bloc). Comme nous l'avons vu, à la difficulté actuelle, les 18 premiers caractères du hachage du bloc doivent être nuls pour que le bloc soit correctement exploité.

Nous accomplissons cela en deux tours de SHA-256, mais fonctionnellement ils se déroulent comme trois tours.

Le tour 1.1 hache les 128 premiers caractères de l'en-tête du bloc. C'est la limite de SHA-256.

Le tour 1.2 hache les caractères 129-160 suivis de zéros qui remplissent le message et remplissent le deuxième tour (plus à ce sujet dans une minute).

Le Round 2 combine les résultats des Rounds 1.1 et 1.2 et les re-hache pour produire une valeur de hachage finale. Le résultat du deuxième tour est le hachage du bloc.

Préparez Vos Champs D'en- Tête

La première étape pour extraire un bloc consiste à préparer le registre des transactions qui iront dans votre bloc.

Comme nous l'avons mentionné précédemment, les transactions sont couplées et hachées ensemble dans des cycles de hachage connus sous le nom d'arbre Merkle. Nous ne démontrerons pas ici un arbre Merkle, mais le résultat d'un arbre Merkle est un hachage racine Merkle unique pour toutes les transactions dans le bloc. Une racine de Merkle ressemble à ceci:

"2E99F445C007A9158207CC30CEBAD2B3D26C45FDAB2EBDF50D261335FC00D92C"

Une fois que nous avons notre racine Merkle, nous pouvons préparer les éléments nécessaires qui vont dans un en-tête de bloc:

- **La version**: Bitcoin est actuellement la version 2
- **Le hachage du bloc précédent**: "00000000000000000A2940884E0C3BC96510CAD11912A527E9D15DF42F0E1D67" (Remarquez les zéros non significatifs qui indiquent que le bloc précédent a réussi. Cet exemple ne comporte que 17 zéros non significatifs, car j'utilise un bloc de 2014 [bloc # 334592] là où quelqu'un d'autre l'a déjà fait. les calculs à la main. L'extraction de Bitcoin est devenue plus difficile depuis lors.)
- **Racine Merkle**: "2E99F445C007A9158207CC30CEBAD2B3D26C45FDAB2EBDF50D261335FC00D92C"
- **Heure**: 16 déc.2014 13h05: 40

- **Bits**: 404454260 (Il s'agit du niveau actuel de difficulté)
- **Nonce**: 3225483075 (Ceci est un nonce réussi)

Maintenant que nous avons toutes les pièces nécessaires, nous devons les convertir dans un format standard. SHA-256 utilise hexadécimal en base 16 pour tous les nombres. Donc, nous allons convertir les chiffres de base 10 en base 16, en utilisant 0-9 ET a-f pour faire 16 chiffres. Nous devons également convertir l'horodatage en temps Unix standard en secondes depuis le 01/01/1970 00:00, puis le convertir en hexadécimal également.

Lorsque nous avons terminé, nous obtenons ceci:

Version	00000002
PrevHash	00000000000000000A2940884E0C3BC96510CAD11912A527E9D15DF42F0E1D67
MerkleRoot	2E99F445C007A9158207CC30CEBAD2B3D26C45FDAB2EBDF50D261335FC00D92C

Heure	54907474
Bits	181B7B74
Nonce	C040F743

Conversion Appelée Little Endian

La prochaine étape est appelée conversion little-endian. Cela a à voir avec la façon dont les octets individuels de données sont ordonnés lorsque nous les stockons et les traitons. Je ne vous ennuierai pas avec les détails et les arguments pour petit-endian vs big-endian. Il suffit de dire que nous devons modifier l'ordre des numéros que nous utilisons.

Pour ce faire, nous devons inverser l'ordre des octets de données. Cela signifie pratiquement que nous allons regrouper les nombres par paires et inverser l'ordre des paires.

«C0 40 F7 43» devient «43 F7 40 C0»

Après Little Endian, nos données ressemblent à ceci:

Version	02000000
PrevHash	671D0E2FF45DD1E927A51219D1CA1065C93B0C4E8840290A0000000000000000
MerkleRoot	2CD900FC3513260DF5BD2EABFD456CD2B3D2BACE30CC078215A907C045F4992E
Heure	74749054
Bits	747B1B18
Nonce	43F740C0

Vous pouvez retourner la page aux anciennes données pour comparer.

Concaténation & Remplissage

Nous allons maintenant combiner toutes nos données de bloc en une seule chaîne comme celle-ci:

"02000000671D0E2FF45DD1E927A51219D1CA1065C93B0C4E8840290A00000000000000002CD900FC3513260DF5BD2EABFD456CD2B3D2BACE30CC078215A907C045F4992E74749054747B1B1843F740C0"

Il s'agit de l'en-tête du bloc de 160 caractères.

Les 128 premiers caractères de ceci seront notre message pour la manche 1.1 de SHA-256:

"02000000671D0E2FF45DD1E927A51219D1CA
1065C93B0C4E8840290A0000000000000000002C
D900FC3513260DF5BD2EABFD456CD2B3D2BACE30C
C078215A907C0"

Les personnages restants ont besoin d'un rembourrage pour remplir le tour 1.2:

"45F4992E74749054747B1B1843F740C0 ...
[besoin de rembourrage ici]"

Nous allons donc mettre un «8» pour marquer la fin du message. Ensuite, nous placerons un «280» à la fin de la chaîne pour signaler que le message que nous hachons fait 640 bits de long (160 caractères hexadécimaux = 80 octets = 640 bits; 640 écrit en hexadécimal est 280) ...

"45F4992E74749054747B1B1843F740C0 8 ...
280"

Enfin, nous remplirons l'espace restant, jusqu'à 128 caractères, avec des zéros pour le remplissage.

"45F4992E74749054747B1B1843F740C080000
00000000000000000000000000000000000000
00000000000000000000000000000000000000
00280"

C'est le message de la ronde 1.2 de SHA-256.

Blocage ou Découpage

Maintenant, nous allons diviser les données de la ronde 1.1 en 16 morceaux en préparation du hachage.

1. 02000000

2. 671D0E2F

3. F45DD1E9

...

16. 15A907C0

C'est là que le hachage commence. Nous allons maintenant créer 48 morceaux supplémentaires, pour un total de 64 morceaux.

Nous créons des morceaux 17-64 en additionnant des morceaux précédents avec des morceaux brouillés de morceaux précédents. Plus précisément, la formule est:

Hashs 17-64 = 16 avant + 7 avant + mix (15 avant) + mix (2 avant)

Cela crée des valeurs complètement nouvelles et indépendantes pour les segments 17-64.

Algorithme de Hachage Principal

Maintenant que nous avons 64 morceaux, nous sommes prêts pour l'algorithme de hachage principal. C'est compliqué, mais reste avec moi.

Définition de W & A-H

Nos 64 morceaux sont le message que nous allons parcourir notre algorithme has. Dans l'algorithme, le message est variable «w». Dans notre exemple w1 = 02000000, w2 = 671D0E24, etc ...

L'algorithme de hachage implique également les variables A à H.Pour notre premier tour A-H est fourni par la NSA, mais ils proviennent d'une source mathématique, la partie fractionnaire des 8 premiers nombres premiers:

A = sqrt (2) % 1

B = sqrt (3) % 1

C = sqrt (5) % 1

...

H = sqrt (19) % 1

Si ce symbole «%» ne vous est pas familier dans une formule, ne vous inquiétez pas. C'est ce qu'on appelle un modulo. Cela signifie «donner le reste de la division». Par exemple, sqrt (2) = 1,41421356237. Sqrt (2)% 1 = 0,41421356237. Écrit en hexadécimal, c'est 6A09E667, et c'est la valeur que la NSA a fournie pour A lors de notre premier tour de SHA-256. Voici A-H de la NSA (ou de la racine carrée des 8 premiers modulo 1 premiers):

A = 6A09E667

B = BB67AE85

C = 3C6EF372

D = A54FF53A

E = 510E527F

F = 9B05688C

G = 1F83D9AB

H = 5BE0CD19

Étape 1: Changez A-C et E-H

L'étape 1 de l'algorithme de hachage principal consiste à décaler 6 des valeurs pour A-H. L'ancienne valeur pour A devient la nouvelle valeur pour B, comme ceci:

Ancien A -> Nouveau B

Ancien B -> Nouveau C

Ancien C -> Nouveau D

(sauter l'ancienne valeur pour D)

Ancien E -> Nouveau F

Ancien F -> Nouveau G

Ancien G -> Nouveau H

(l'ancien H ne devient pas un nouveau A)

Maintenant, nous avons de nouvelles valeurs pour B-D et F-H.

Étape 2: Trouvez A & E

Nous devons encore obtenir de nouvelles valeurs pour A et E. Pour ce faire, nous suivons une formule qui effectue plusieurs transformations non linéaires sur les données. Ces formules sont également le premier endroit où le message, la variable «w», entre dans l'algorithme de hachage principal.

Je vais partager les formules ici, mais je n'entrerai pas dans les détails sur leur fonctionnement, afin de ne pas vous ennuyer à mort.

Nouveau A =

- w1 (la première partie du message sur les 64 morceaux que nous avons créés) +
- K0 (il s'agit d'une constante de la NSA, et elle change à chaque itération du hachage K0 jusqu'à K64) +
- Ancien H

- Maj (ancienABC) (il s'agit d'une fonction
  exécutée sur les 1 et les 0 des binaires qui
  composent A, B et C) +
- Choisissez (ancienEFG) (une autre fonction sur
  les 1 et les 0, cette fois de E, F et G) +
- Sum (A shift 2, 13, & 22)% 2 (cela joue
  également avec le binaire, en décalant les 1 et les
  0 de 2, 13 et 22 places et en ajoutant les
  résultats, puis en prenant la somme modulo 2
  [essentiellement pour voir si le la somme est
  paire ou impaire]) +
- Sum (E shift 6, 11, & 25)% 2 (même chose sauf
  avec E cette fois, et différents décalages)

Ouf, c'est épuisant. Ajoutez tout cela (en
hexadécimal, bien sûr), et vous avez la nouvelle valeur
pour A. Maintenant, nous ferons un processus similaire
pour E:

Nouveau E =

- W1 +
- K0 +
- oldD +
- choisissez (oldEFG) +
- somme (E >> 6, 11, 25)% 2

J'espère que vous avez suivi les variables et les formules ci-dessus. Ils sont similaires à ceux que j'ai décrits pour le nouveau A. Maintenant, nous avons un nouveau E.

Étape 3: Recommencez 63 fois

À ce stade, nous avons terminé 1/64 d'une manche de SHA-256. Nous aurons besoin de refaire tout ce processus 63 fois pour toutes les valeurs w2 à w64.

Étape 4: Ajouter le résultat final au A-H de la NSA

Lorsque nous aurons terminé, nous ajouterons le nouveau A-H de w64 au A-H d'origine de la NSA. Il s'agit de l'étape 65, mais ce n'est pas un hachage, juste un ajout. Le A-H résultant est notre hachage SHA-256 final:

Nouveau A = 09A0D191

Nouveau B = 92EF77C3

Nouveau C = 04FE4478

Nouveau D = 88F9EF50

Nouveau E = 69D64846

Nouveau F = 5A19146F

Nouveau G = B7706197

Nouveau H = 14D08904

(Au milieu de toutes ces théories et
mathématiques, avez-vous oublié que nous extrayons
en fait un bloc Bitcoin ici? Les valeurs ci-dessus sont les
valeurs réelles pour A-H après la ronde 1.1 du bloc
Bitcoin # 334592)

Prochaines Étapes

Nous avons donc terminé la ronde 1.1 de
hachage, exécuté les 64 morceaux (w1-w64) via SHA-
256 et obtenu un résultat final.

Mais attendez. Nous n'avons pas fini. Nous
n'avons pas encore fait de hachage des rounds 1.2 ou 2.
N'oubliez pas que notre message d'origine comptait
plus de 128 caractères, donc il ne cadrait pas tous au
premier tour. Nous devons continuer!

Pour la manche 1.2 de SHA-256, nous
n'utiliserons pas le A-H de la NSA. Nous allons continuer
avec la sortie A-H de la manche 1.1. À partir de là, le
processus est exactement le même, y compris les 64
morceaux, les formules et l'ajout des résultats à l'A-H
d'origine à l'étape 65.

Nouveau A = 3EBB2D68

Nouveau B = D7007148

Nouveau C = B184E57B

Nouveau D = BA9697D7

Nouveau E = 6BC04141

Nouveau F = 155C57F9

Nouveau G = 7E3B92C5

Nouveau H = FD6A46BD

(Les valeurs ci-dessus sont les valeurs réelles pour A-H après la ronde 1.2 du bloc Bitcoin # 334592)

Nous sommes maintenant prêts pour le deuxième tour. La sortie du tour 1.2 (nouveau A-H) est maintenant notre message (w1-w8). Sauf que la sortie de 1.2 ne fait que 64 caractères et que nous devons saisir 128 caractères dans la fonction de hachage, nous allons donc utiliser à nouveau le remplissage, en ajoutant un 8, de nombreux zéros et «100» à la fin cette fois parce que notre message est de 256 bits (100 en hexadécimal).

Pour le Round 2, le round final, nous utiliserons à nouveau les constantes NSA pour A-H. Après cela, les 64 étapes de hachage et la 65e étape d'addition sont les mêmes qu'avant. En fin de compte, nous obtenons notre hachage final:

Final A = FF277F1F

B final = 11CD72EF

C final = FE537F5E

D final = 8A2690E0

E final = 8D8C9116

F final = 82D8A815

G final = 00000000

H final = 00000000

Mettez tout cela ensemble et le le reconvertit pour une lecture de gauche à droite:

00000000000000015A8D88216918C8DE0902 68A5E7F53FEEF72CD111F7F27FF

En décembre 2014, ces 16 zéros de tête étaient suffisants pour satisfaire le niveau de difficulté. C'était un bloc extrait avec succès!

Aujourd'hui, comme la difficulté de Bitcoin a augmenté, ce ne serait pas le cas. Si nous avons ce hachage final aujourd'hui, nous devrons recommencer depuis le début avec un nouveau nonce.

BITCOIN: LA MÈRE DE TOUTES LES TECHNOLOGIES BLOCKCHAIN

Lancé en 2009, Bitcoin est la première et la plus célèbre technologie de Blockchain. Huit ans plus tard, le Bitcoin est toujours le cryptotoken le plus populaire du marché. Récemment, l'intérêt pour Bitcoin est devenu courant, même les investisseurs de Wall Street ont envisagé de fournir des titres de qualité d'investissement à terme Bitcoin.

Alors que la montée en puissance du Bitcoin a été fulgurante au cours des dernières années, la monnaie a fait face à son lot de défis en cours de route. Pendant les premières années après sa création, Bitcoin a été ridiculisé dans la presse pour avoir tenté de créer une nouvelle monnaie mondiale. Au début, une mystérieuse brèche de sécurité a fait disparaître des millions de dollars de Bitcoins. Le Bitcoin a surmonté ces premiers obstacles, mais il fait toujours face à des défis aujourd'hui.

Certains des défis actuels de Bitcoin sont d'ordre technique. Le réseau Bitcoin d'origine n'a pas été conçu pour prendre en charge le nombre de transactions en cours. La communauté Bitcoin déborde de débats sur la meilleure solution pour résoudre son problème d'évolutivité.

L'autre défi du Bitcoin est l'économie. Une grande partie de la valeur actuelle de Bitcoin est basée sur des spéculations. Vous auriez du mal à trouver des épiceries ou des cafés acceptant Bitcoin. Le nombre d'entreprises acceptant le Bitcoin augmente chaque année, en particulier en ligne, mais il est encore rare de trouver une entreprise acceptant le Bitcoin. Bien que le Bitcoin ait un énorme potentiel s'il est accepté comme une monnaie légitime, sa valeur actuelle est basée sur le potentiel, pas sur la réalité concrète. En conséquence, de nombreux experts financiers ont qualifié le Bitcoin (et d'autres crypto-monnaies) de bulle qui devrait éclater bientôt.

Dans ce chapitre, nous donnerons un bref aperçu de l'histoire et de la croissance de Bitcoin. Cependant, les nouvelles Bitcoin changent quotidiennement, et ce n'est pas un livre sur l'investissement. Si vous songez à acheter du Bitcoin, lisez plus que ce livre! J'ai expliqué les bases dans mon livre précédent, Mastering Bitcoin for Starters. L'histoire et la technologie sont convaincantes, mais vous devrez faire plus de recherches pour décider si Bitcoin vaut son prix actuel de $8600 par prix BTC (en février 2018).

L'historique De Bitcoin

BItcoin existe depuis 2009, et pendant ce temps, il a vu beaucoup de mystère, d'intrigue, de croissance et de défis. Pour une technologie aussi jeune, Bitcoin a une histoire complexe et convaincante.

Bitcoin a commencé avec un livre blanc écrit par un mystérieux auteur, Satoshi Nakamoto. Dans le livre blanc, Satoshi a décrit les éléments de base de la technologie Blockchain. Il a montré comment utiliser le hachage pour créer des blocs et générer des preuves de travail, résolvant ainsi le problème des doubles dépenses. Le livre blanc a été bien reçu dans la communauté cryptographique relativement petite de l'époque, mais il y avait un problème. Personne n'avait jamais entendu parler de Satoshi Nakamoto, et personne ne pouvait rien trouver sur cette personne mystérieuse.

Satoshi a continué à interagir via des forums et des e-mails, mais personne ne pouvait jamais savoir qui était la vraie personne derrière le pseudonyme. En 2009, Satoshi a écrit le code derrière Bitcoin et a lancé le réseau dans le monde. Pendant des années, Satoshi a continué en tant que développeur principal sur Bitcoin jusqu'en 2011, date à laquelle il a brusquement disparu. Au fil des ans, plusieurs personnes ont prétendu être Satoshi, mais rien de définitif n'a été trouvé sur l'inventeur du Bitcoin.

Il est clair que Satoshi était brillant. Inventer la Blockchain a résolu un énorme obstacle cryptographique dans la création d'un registre distribué viable. Même si Bitcoin devait échouer demain, la technologie Blockchain est déjà utilisée pour des centaines d'applications, pas seulement comme monnaie. Il se peut que l'histoire de Satoshi soit parmi les inventeurs les plus importants du 21e siècle, et nous ne savons rien de lui.

Satoshi a transféré le contrôle du développement de Bitcoin à Gavin Andresen lors de sa disparition. Andresen est devenu le développeur principal de la Fondation Bitcoin, l'organisation actuellement responsable du développement de Bitcoin.

La Saisie De La Route De La Soie

Alors que Bitcoin commençait à prendre de l'ampleur, ses portefeuilles anonymes en faisaient l'outil parfait pour effectuer des transactions légalement discutables. Les premières années de Bitcoin ont été marquées par cette réputation de marché noir, de drogue ou de blanchiment d'argent.

En octobre 2013, le FBI a fait une descente au domicile de Ross William Ulbricht, accusé d'être le fondateur d'un site Web darknet connu sous le nom de Silk Road. La Route de la soie était devenue notoire comme un endroit pour acheter des drogues illégales en ligne. Dans le cadre de la saisie, le FBI a également saisi environ 26000 Bitcoins, marquant l'une des premières interactions officielles entre le gouvernement américain et le réseau Bitcoin.

Dans l'ensemble, l'incident de la route de la soie a été une mauvaise presse pour le réseau Bitcoin, poussant encore plus loin l'idée du Bitcoin comme monnaie pour les activités illégales.

LE MYSTÈRE DE MT. GOX

L'un des premiers échanges de Bitcoin a été le Mont. Gox, une société basée à Tokyo qui a été l'un des principaux échanges au début du Bitcoin. Mt. Le PDG de Gox, Mark Karpeles, était PDG de nom uniquement et préférait de beaucoup le codage aux défis quotidiens d'être PDG.

En 2014, Mt. Gox était le plus grand échange Bitcoin au monde, gérant plus de 70% des transactions Bitcoin dans le monde. Ainsi, cela a été un choc pour les consommateurs lorsque le mont. Gox a déposé son bilan en 2014. Au fil des années, son système a été piraté. Au total, 450 millions de dollars de Bitcoin ont disparu du mont. Comptes de Gox entre 2011 et 2014. Alors que les enquêteurs ont pu trouver quelque 200 000 BTC impliqués dans le mont. Gox hack, plus de 650 000 BTC n'ont pas été récupérés.

Pendant la période du mont. Gox hack, Bitcoin a perdu 36% en valeur.

Il convient de noter que le problème n'était pas lié à la technologie Bitcoin, mais au Mt. Procédures de sécurité de Gox. Bien que le grand livre ouvert de Bitcoin signifie que ces pièces ont été «trouvées», il n'y a pas de moyen clair de prendre les pièces de leurs propriétaires actuels et de les rendre à leurs propriétaires d'origine.

À ce jour, le mont. Gox reste le plus grand scandale de l'histoire du Bitcoin, et il a déclenché une période de sérieux doutes sur la viabilité de la crypto-monnaie.

La Centralisation De L'extraction

Une préoccupation plus récente dans l'histoire du Bitcoin est la centralisation de l'extraction. L'algorithme de preuve de travail de Bitcoin est rédigé de telle manière que les fabricants de matériel ont développé des puces de traitement spécifiques à Bitcoin pour gagner des récompenses extractions lucratives. Le prix du Bitcoin étant monté en flèche ces dernières années, la course aux armements pour des puces plus nombreuses et plus rapides s'est accélérée.

À ce stade, l'extraction de Bitcoin est une opération professionnelle, les sociétés extractions investissant des centaines de milliers de dollars dans des «fermes» de matériel d'extraction. Ces fermes de centaines d'ordinateurs miniers sont souvent énormes, remplissant même des entrepôts entiers d'ordinateurs miniers.

Cette croissance de l'extraction rend la concurrence non rentable pour les petits mineurs, centralisant le pouvoir parmi quelques méga-mineurs. Malheureusement, cela signifie que le réseau qui a été créé pour être décentralisé est paradoxalement centralisé. Les mineurs pourraient décider de prioriser certains types de transactions ou de mettre sur liste noire certains utilisateurs du réseau Bitcoin.

Cependant, il n'y a aucune preuve claire que les mineurs de Bitcoin abusent de leur pouvoir. C'est en grande partie parce que quelques changements dans le code sous-jacent de Bitcoin pourraient rendre le matériel minier coûteux sans valeur. En tant que tel, il y a une forte incitation à être honnête et à faire plaisir à la communauté Bitcoin et à la Fondation Bitcoin.

LE PROBLEME D'EVOLUTIVITE DE BITCOIN

En 2017, Bitcoin est plus populaire que jamais. La croissance rapide de Bitcoin en matière d'évaluation au cours de l'année écoulée a alimenté une large sensibilisation du public à la monnaie. Cela a également encouragé beaucoup de spéculations, les investisseurs achetant et vendant du Bitcoin dans l'espoir de dégager des bénéfices ou d'éviter un crash.

Cet intérêt accru pour Bitcoin signifie que le réseau a enregistré une augmentation de 55% du volume de transactions en 2017. En moyenne, le réseau Bitcoin traite 310 000 transactions. Cependant, le réseau ne répond pas à la demande. Chaque jour, des dizaines de milliers de transactions sont mises en attente en attendant que le réseau se rattrape pour les confirmer.

Ces transactions sont suspendues car Bitcoin a une limite sur sa taille de bloc. Seules autant de transactions peuvent tenir dans un seul bloc, donc toutes celles qui ne correspondent pas doivent attendre. Cette attente de confirmation est le problème d'évolutivité de Bitcoin, et c'est un problème qui doit être résolu avant que la pièce ne devienne une monnaie courante.

LE TEMPS D'ATTENTE ET LES FRAIS DE TRAITEMENT

Les temps d'attente actuels varient de quelques minutes à plusieurs heures pour que votre transaction soit approuvée sur la Blockchain. Cela pose problème, car nous nous sommes habitués aux paiements instantanés et à la vérification. Si je dois attendre plusieurs heures entre la commande de quelque chose et le paiement, cela rend les transactions sensibles au temps impossibles sur Bitcoin.

En réponse, les sociétés extractions ont proposé de prioriser les transactions qui leur paient une redevance. Si vous souhaitez que votre transaction soit traitée plus rapidement, vous devrez la payer. Le Bitcoin a été initialement conçu pour être sans friction et gratuit. Il visait également à éviter l'autorité centrale. Lorsque les mineurs facturent des frais pour les transactions, cela ressemble beaucoup aux banques qui facturent des frais de traitement, l'une des choses que Bitcoin a été développé pour éviter.

La taille des blocs de Bitcoin est actuellement limitée à 1 Mo. Toutes les informations de transaction et de confirmation doivent être inférieures à (ou proches de) 1 Mo pour que le bloc soit accepté.

Le débat sur la façon d'augmenter l'évolutivité de Bitcoin se résume à augmenter les informations que vous pouvez insérer dans un bloc. Une solution consiste à diminuer la quantité d'informations que vous mettez à l'intérieur du bloc. Dans le cas de Bitcoin, cela prend la forme d'une séparation des données de transaction des signatures électroniques qui autorisent la transaction. Supprimer les signatures du bloc et les traiter séparément signifie que vous pouvez insérer plus de transactions dans le bloc. Ce découplage des signatures de leurs transactions est appelé témoin séparé (SegWit), et cette technologie est actuellement déployée sur la Blockchain Bitcoin. Certains mineurs l'utilisent, tandis que d'autres utilisent l'ancienne méthode. Si SegWit s'avère vraiment meilleur, l'idée est finalement que 100% du réseau l'utilisera.

Il existe une autre façon d'augmenter la quantité d'informations que vous pouvez insérer dans un bloc. Augmentez simplement la taille du bloc. Il y a un mouvement pour doubler la taille du bloc Bitcoin à 2 Mo. Il s'agit du plus récent effort en Bitcoin, connu sous le nom de 2x, et lorsqu'il est combiné avec SegWit, cela pourrait signifier une énorme augmentation de la

capacité de Bitcoin à traiter les transactions. SegWit2x
est un énorme changement dans l'architecture sous-
jacente au Bitcoin, et les implications ne sont pas
entièrement claires sur la façon dont il affectera
l'écosystème dans son ensemble.

En novembre 2017, la mise en œuvre de
SegWit2x est au point mort. Il n'y a tout simplement pas
de consensus assez fort dans la communauté Bitcoin
derrière une telle modification du code de base Bitcoin.
Bien qu'il soit en attente pour l'instant, SegWit2x n'est
en aucun cas mort, et nous pourrions le voir revenir à
l'avenir alors que itcoin continue de travailler sur
l'évolutivité.

Les Conclusions Au Sujet De Bitcoin

Le Bitcoin est la mère de toute la Blockchain, et il
continue d'être la crypto-monnaie prééminente au
monde. C'est la crypto-monnaie la plus établie et la plus
solide du marché. Cependant, il existe d'autres
prétendants dans l'industrie de la Blockchain, et ce n'est
pas sûr que Bitcoin finira par être le gagnant quand tout
sera dit et fait. Le Bitcoin doit résoudre ses problèmes
d'évolutivité et augmenter son adoption s'il veut
maintenir sa domination.

Qu'est-ce Que L'ethereum Et Pourquoi Est-ce Important?

L' Ethereum est la deuxième plus grande crypto-monnaie au monde après Bitcoin. Il est également très différent du Bitcoin dans sa structure et son objectif. L'Ethereum n'était pas développé uniquement comme une monnaie. Son innovation réside dans l'ouverture de la Blockchain au développement pour différentes applications hors devises et finance.

Les développeurs peuvent créer des logiciels au-dessus de la chaîne de blocs d'Ethereum et utiliser le grand livre distribué du réseau pour établir la confiance pour toutes sortes d'applications. Étant donné que la Blockchain Ethereum est décentralisée, une fois qu'un développeur a créé une application, elle ne peut être censurée ou supprimée par aucune autorité. Cette application vit aussi longtemps que la Blockchain Ethereum continue.

Cela a d'énormes implications pour les accords, les contrats et les transactions conditionnelles. Ils peuvent être programmés, automatisés et gravés dans la pierre afin qu'aucune des parties ne puisse tricher. L'utilisation de la Blockchain pour de telles transactions et contrats renforce la confiance, car le réseau de pairs vérifie toutes les informations et ne permet pas de modifications après coup.

LE BREF HISTORIQUE DE L'ETHEREUM

Le livre blanc d'Ethereum, publié en 2013, décrivait un système par lequel la Blockchain pouvait être ouverte à un langage de script pour le développement d'applications. Vitalik Buterin, l'un des fondateurs et programmeur principal d'Ethereum, avait une longue histoire d'écriture sur Bitcoin. Il a plaidé pour un langage de script au-dessus de la Blockchain Bitcoin, mais cela nécessiterait de réécrire le code de base Bitcoin pour être compatible avec les langages de programmation. Lorsque cela s'est avéré controversé, il a décidé de créer une nouvelle Blockchain qui permettrait la création d'applications autonomes.

Le projet Ethereum de Buterin a commencé son développement en 2014, financé par une vente publique. Essentiellement, les développeurs d'Ethereum ont lancé une campagne de financement participatif où les bailleurs de fonds recevraient une participation dans l'entreprise, sous la forme de jetons qui alimenteraient les applications basées sur Ethereum. Ces jetons s'appelaient Ether (ETH), et la vente publique a permis aux bailleurs de fonds d'acheter de l'Ether en échange de Bitcoin.

À l'époque, la communauté crypto-tech était intéressée par l'idée d'applications décentralisées, et le lancement d'Ethereum a généré un buzz important. Cependant, beaucoup étaient naturellement préoccupés par les risques de sécurité liés à la création d'une plateforme où les utilisateurs pouvaient coder leurs propres applications. D'autres sceptiques ont exprimé des inquiétudes quant à l'évolutivité d'Ethereum, car de nombreuses applications autonomes fonctionnant sur la Blockchain nécessiteraient plus de puissance de calcul.

La Fondation Ethereum, basée en Suisse, a publié la première version prototype d'Ethereum en mai 2015 et a mis les utilisateurs de test au défi de trouver des bogues et des limitations dans le système. En juillet de la même année, la Fondation a publié la première version officielle d'Ethereum à usage public connue sous le nom de Frontier.

Ethereum a depuis publié deux nouvelles versions de la plateforme, la version actuelle d'Ethereum (novembre 2017) sous le nom Metropolis.

Le Piratage De DAO

L'une des principales caractéristiques de la Blockchain Ethereum est que les applications peuvent être construites au-dessus de la Blockchain Ethereum. L'un des projets les plus populaires à construire sur la Blockchain Ethereum était l'Organisation autonome décentralisée (Acronyme anglais DAO). Le DAO était un projet de financement de crypto-monnaie et de capital-risque. Il était destiné à révolutionner la prise de décision et le vote par consensus, permettant à des personnes du monde entier de financer divers projets via DAO sous forme de capital-risque décentralisé.

Le DAO a rapidement collecté ~ 150 millions de dollars lors de sa création en 2016. Cependant, les applications basées sur la Blockchain Ethereum ne sont aussi sécurisées que leur code sous-jacent. En mai, des informaticiens ont souligné des vulnérabilités dans le code sous-jacent et peu de temps après, le DAO a signalé que des pirates avaient siphonné plus de 50 millions de dollars du DAO. Le DAO avait été l'une des ventes participatives les plus réussies de tous les temps, et il était considéré comme le porte-étendard de la décentralisation et de la promesse de crypto-monnaies. Le piratage de DAO et l'arrêt ultérieur du DAO ont ébranlé ces notions.

En réponse à l'énorme piratage DAO, la Fondation Ethereum a proposé une fourchette rigide pour ramener les fonds volés à leurs propriétaires d'origine. Cette nouvelle fourchette est entrée en vigueur peu de temps après le hack de DAO et est devenue la nouvelle version officielle d'Ethereum. Cependant, certains utilisateurs opposés à l'éthique et au précédent du contrôle central de l'argent et à l'utilisation de l'autorité centrale pour modifier les transactions, ont continué à soutenir que l'ancienne Blockchain était le véritable Ethereum. Cette Blockchain sans modifications après DAO est connue sous le nom d'Ethereum Classic.

Les Contrats Intelligents

L'élément de base de la plate-forme décentralisée d'Ethereum est le contrat intelligent. Ce sont des accords qui s'exécutent seuls en fonction de différentes variables. Le déploiement de contrats intelligents sur la Blockchain présente quelques avantages.

Tout d'abord, étant donné que les chaînes de blocs sont décentralisées, il n'est pas nécessaire de payer ou de faire confiance à un intermédiaire pour votre transaction. Deuxièmement, les contrats intelligents Blockchain sont plus sécurisés, car la modification des termes du contrat nécessiterait l'écriture de nouveaux blocs plus rapidement que le réseau ne peut (statistiquement presque impossible). Enfin, les contrats intelligents Blockchain peuvent s'exécuter plus rapidement qu'un intermédiaire.

L'essence du contrat intelligent est que si toutes les parties au contrat respectent leurs fins de négociation, le contrat sera automatiquement exécuté. Si l'une des parties ne respecte pas le contrat, elle restitue automatiquement les fonds, la valeur, les informations, les biens, etc. à leurs propriétaires d'origine. Essentiellement, les contrats intelligents fonctionnent comme un service d'entiercement, prenant des fonds et les détenant jusqu'à ce que l'autre partie au contrat confirme la fin de l'accord.

LES ORGANISATIONS AUTONOMES DECENTRALISEES

Bien que le DAO (discuté ci-dessus) soit un exemple d'organisation autonome décentralisée, il en existe de nombreux autres. Essentiellement, les organisations autonomes utilisent une série de contrats intelligents pour exécuter des objectifs qui auraient autrement été traités par une institution.

Par exemple, les DAO pourraient être utilisés pour le vote, l'éducation, l'assurance, les soins de santé et la vente de musique. Ils pouvaient livrer des fichiers, gérer des dossiers, collecter des fonds, surveiller les patients et suivre l'avancement des projets. Des contrats intelligents permettraient à ces organisations d'agir dès et seulement si certaines conditions sont remplies.

L'avantage des DAO est qu'ils ne jouent pas aux favoris et qu'ils fonctionnent selon des règles et des directives transparentes. Ils sont également bon marché et les transactions sont sans friction. Les contrats intelligents et les DAO sont des avancées passionnantes dans la technologie de la chaîne de blocs, car ils pourraient remplacer toutes sortes d'institutions, pas seulement les institutions financières.

L'ETHEREUM ICOS ET LE PROTOCOLE DU JETON ERC-20

L'explosion des dApps, DAO et autres programmes sur le réseau Ethereum signifiait que de nombreux types d'échange de valeurs se produisaient simultanément sur Ethereum. Alors que certaines de ces applications utilisaient Ether comme moyen d'échange, d'autres voulaient plus de contrôle sur le jeton utilisé pour générer des transactions dans leurs applications / DAO. Il est devenu courant pour chaque nouvelle application sur Ethereum de développer également un nouveau jeton pour alimenter l'application.

La raison de la croissance des nouveaux jetons se résume au concept d'une offre initiale de pièces (ICO). Lorsqu'une personne a une nouvelle idée, elle a besoin d'un financement pour créer et mettre en œuvre l'application. Au cours de la dernière année, il est devenu courant que de nouvelles idées soient financées en vendant de nouveaux jetons en échange d'Ethereum. Ces crowdsales permettent à quiconque d'investir dans une idée et d'acheter une part de la valeur de cette idée. Si l'idée fonctionne, la valeur du jeton nouvellement créé augmentera et les premiers investisseurs seront récompensés.

2017 a été l'année des ICO. Selon Bloomberg, les ICO ont levé plus de 1,6 milliard de dollars rien qu'en 2017. L'explosion des ICO est le résultat de la facilité avec laquelle Ethereum permet la création de nouvelles pièces. Avec un peu plus qu'une idée et un livre blanc, vous pouvez mettre en place une ICO basée sur Ethereum et lever des millions de dollars, en contournant les canaux de collecte de fonds à l'ancienne du capital-risque ou du financement de démarrage auprès d'investisseurs institutionnels.

Un ICO fonctionne de la même manière qu'une campagne Kickstarter. Le bailleur contribue la monnaie numérique (généralement Ether) au contrat intelligent de l'ICO. Si le projet atteint son objectif de financement, le contrat intelligent distribue les nouveaux jetons aux bailleurs de fonds et dépose l'éther dans le compte du développeur pour commencer à créer la nouvelle idée. Si le projet échoue à ses objectifs de financement, tous les bailleurs de fonds reçoivent un remboursement.

Ethereum est devenu le lieu de prédilection pour créer de nouvelles ICO pour plusieurs raisons. Tout d'abord, la Blockchain existe déjà et vous n'avez pas à coder une nouvelle Blockchain à partir de zéro. Deuxièmement, Ethereum possède une énorme communauté extraction et la deuxième plus grande capitalisation boursière de toute crypto-monnaie, ce qui constitue une base solide pour un nouveau projet. Enfin, Ethereum dispose d'un ensemble clair de directives pour la création de nouveaux jetons appelé protocole ERC-20.

Le protocole ERC-20 signifie également que tous les jetons sur Ethereum sont désormais échangeables. Avant ERC-20, chaque développeur a écrit ses propres arguments et fonctions. L'échange d'un jeton contre un autre nécessitait souvent l'étude du code et la construction d'un pont entre les deux jetons pour l'échange. Depuis l'ERC-20, cependant, tous les arguments et fonctions sont standardisés, et de nouveaux jetons sur Ethereum peuvent être immédiatement échangés contre tout autre jeton compatible ERC-20.

L'ethereum Passe À La Preuve D'enjeu

Au cours de la dernière année, la Fondation Ethereum a de plus en plus indiqué son intention de déplacer Ethereum de la vérification de la preuve de travail vers la preuve de l'enjeu. N'oubliez pas que la preuve de travail est un système où des milliers d'ordinateurs miniers s'affrontent pour résoudre un casse-tête cryptographique. Cependant, pour prouver l'enjeu, tous ces mineurs s'en vont. Au lieu de cela, les utilisateurs qui possèdent Ethereum vérifient les transactions sur le réseau. S'ils les vérifient correctement, ils reçoivent une récompense. S'ils les vérifient incorrectement, ils perdent tout leur Ether (leur mise).

Avec une preuve de mise, un seul processeur est choisi pour être le «vérificateur» à la fois. Ce processeur est choisi en fonction de la quantité d'Ether auquel il est associé. Quelqu'un qui possède 1% de l'éther dans le monde aurait 1% de chances d'être choisi comme vérificateur. (1% du réseau Ethereum n'est pas un éternuement. Cela représenterait environ 300 millions de dollars sur la capitalisation boursière d'Ethereum de 30 milliards de dollars.)

Le vérificateur dans un système de preuve de participation est pondéré par sa participation dans le réseau, mais la sélection est également aléatoire. Cela garantit qu'une attaque coordonnée ne pourrait pas créer plusieurs blocs falsifiés d'affilée. Étant donné que le vérificateur risque de perdre tout son éther, il y a une forte incitation à agir honnêtement.

POURQUOI CE CHANGEMENT?

La preuve de travail est un excellent système avec des résultats prouvés pour assurer la sécurité de la Blockchain, alors pourquoi changer? Deux facteurs poussent le passage d'Ethereum à la preuve de participation: la consommation d'énergie et la demande de monnaie fiduciaire.

Ethereum utilise un algorithme de hachage anti-ASIC, ce qui signifie qu'il n'a pas vu les entrepôts d'équipements miniers spécialisés fonctionner jour et nuit avec Bitcoin. Cependant, les petites l'extraction d'Ethereum consomment toujours des quantités importantes d'électricité. En fin de compte, les technologies de la chaîne de blocs espèrent être omniprésentes et alimenter chaque partie de la société. Il n'est tout simplement pas possible à long terme pour la Blockchain de continuer à utiliser la preuve de travail, car les demandes d'électricité dépasseront la capacité du monde à produire de l'énergie supplémentaire. Les amateurs de preuves montrent également que l'extraction a généralement lieu dans des pays où les coûts d'électricité sont faibles, où une part moindre du réseau est alimentée par des énergies renouvelables, contribuant à la consommation de combustibles fossiles et au réchauffement climatique.

L'autre facteur derrière la preuve de participation est plus intéressé. Étant donné que les factures d'électricité sont payées en monnaie fiduciaire, l'extraction de crypto-monnaie soutient paradoxalement l'utilisation du fiduciaire. La preuve de participation réduit considérablement l'électricité requise, ce qui signifie que les vérificateurs n'auront pas à encaisser leur Ethereum pour payer leurs factures d'électricité.

QUAND CELA ARRIVERA-T-IL?

La question de savoir quand Ethereum mettra en œuvre la preuve de mise n'a pas encore de réponse. Pendant la majeure partie de cette année, Vitalik Buterin et l'équipe de la Fondation Ethereum ont répondu «Bientôt».

Le test de preuve d'enjeu se présente sous la forme de Casper, la refonte proposée par Buterin du code de base Ethereum. Au début, la preuve de participation ne vérifierait que 1 bloc sur 100 afin de tester la viabilité de la technologie. Au fil du temps, l'utilisation de la preuve de participation augmenterait jusqu'à atteindre 100%.

En septembre 2017, Buterin formalisait ses plans pour Casper en une série de livres blancs que la communauté devait examiner. Casper entrerait en vigueur peu de temps après en 2018. Cependant, compte tenu des retards antérieurs sur le passage à la preuve de participation, ce calendrier pourrait être modifié.

Existe-t-il d'autres Technologies Blockchain à Surveiller?

Bitcoin et Ethereum sont les technologies de Blockchain les plus importantes et les plus notables, mais il existe des centaines d'autres projets actuellement en cours ou en développement. Ceci résume certains de ces projets prometteurs et leurs utilisations potentielles.

Bitcoin Cash

Bitcoin Cash est une ramification de la Blockchain Bitcoin utilisant le même code source, mais c'est une devise distincte de Bitcoin. C'est maintenant la troisième crypto-monnaie la plus précieuse au monde en termes de capitalisation boursière, derrière Bitcoin et Ethereum. Bitcoin Cash a divergé de Bitcoin lorsque les membres de la communauté Bitcoin n'étaient pas d'accord sur la façon de résoudre le problème d'évolutivité de Bitcoin. Le résultat a été une procédure connue sous le nom de «hard fork», où Bitcoin Cash a créé une nouvelle Blockchain qui partage le même historique de transactions que Bitcoin jusqu'à un certain point. À ce stade, le hard fork a créé deux chaînes de blocs distinctes qui fonctionnent parallèlement l'une à l'autre. Les utilisateurs qui détenaient du Bitcoin avant le hard fork détenaient une quantité identique de Bitcoin Cash après le fork, mais les pièces ne sont pas interchangeables et ne sont pas connectées.

Ce qui a changé dans la nouvelle Blockchain Bitcoin Cash, c'est la taille limite des blocs. Bitcoin permet uniquement aux blocs d'atteindre 1 Mo de taille. Cela signifie que toutes les transactions qui ne correspondent pas à la limite de taille de 1 Mo sont mises en attente. Avec la popularité croissante de Bitcoin, de nombreuses transactions sont suspendues et les utilisateurs ont dû payer des frais aux mineurs afin que leurs transactions soient incluses dans le bloc. Le hard fork de Bitcoin Cash a augmenté la taille du bloc à 8 Mo, permettant à la Blockchain d'accueillir beaucoup plus de transactions et de chercher à résoudre le problème d'évolutivité. Les fondateurs et les utilisateurs de Bitcoin Cash misent sur l'incapacité de la communauté Bitcoin à parvenir à un consensus sur l'évolutivité, faisant de Bitcoin Cash une option de plus en plus attrayante et détrônant finalement Bitcoin.

LITECOIN

Litecoin est une crypto-monnaie plus ancienne qui a été lancée en 2011, peu de temps après le lancement de Bitcoin en 2009. Les différences entre Litecoin et Bitcoin sont relativement faibles. Les deux s'appuient sur un registre décentralisé avec une preuve d'exploitation du travail. La différence est le temps qu'il faut pour créer un nouveau bloc sur chaque réseau. Pour Bitcoin, il faut environ 10 minutes aux mineurs pour créer un nouveau bloc. Pour Litecoin, cela ne prend que 2 minutes environ.

La simple modification des temps de blocage a des effets importants. Par exemple, parce qu'il crée de nouveaux blocs plus fréquemment, Litecoin peut traiter plus de transactions que Bitcoin. De plus, de nouvelles transactions sont ajoutées au grand livre et confirmées beaucoup plus rapidement sur Litecoin. La confirmation à 6 blocs de profondeur (probabilité extrêmement faible d'être modifié ou dépensé deux fois par un attaquant) ne prendrait que 12 minutes sur Litecoin, tandis que la même confirmation prendrait environ une heure sur Bitcoin. Les confirmations plus rapides rendent Litecoin plus convivial pour les commerçants.

La création fréquente de blocs par Litecoin a l'inconvénient de rendre la Blockchain de Litecoin beaucoup plus grande que Bitcoin, nécessitant plus de stockage de quiconque souhaite exécuter un nœud. Cependant, en raison de la fréquence des blocs et de la masse monétaire globale élevée de Litecoin, les transactions sur la Blockchain Litecoin facturent des frais beaucoup plus bas que sur Bitcoin. Des confirmations plus rapides et des frais moins élevés constituent un excellent cas d'utilisation pour Litecoin. Cependant, il n'a pas réussi à dépasser Bitcoin au cours des 6 dernières années sur la seule base des améliorations technologiques, et il y a beaucoup plus de nouvelles devises qui entrent dans l'arène.

LES MONNAIES DE CONFIDENTIALITE: ZCASH & MONERO

La confidentialité est une préoccupation croissante dans la communauté des crypto-monnaies. Étant donné que la Blockchain repose sur un grand livre public, tout le monde peut observer comment les transactions évoluent et les montants versés. Bien que les portefeuilles Bitcoin soient techniquement anonymes, si vous pouvez connaître l'adresse publique de quelqu'un ou suivre un réseau de transactions jusqu'à une personne, vous pouvez suivre les dépenses de cette personne. Cela soulève toutes sortes de préoccupations concernant la traçabilité, même si vous n'êtes pas engagé dans des comportements douteux.

La confidentialité et l'intraçabilité favorisent la fongibilité dans une devise. La fongibilité signifie qu'une monnaie a une valeur en soi, sans égard à l'historique des transactions. L'argent est fongible parce que lorsque vous remettez un dollar à un propriétaire de magasin, le propriétaire ne vous demande pas où vous avez obtenu le dollar. Sur Bitcoin, certaines pièces ont été mises sur liste noire parce qu'elles ont été impliquées dans des activités illicites dans le passé. Avec de vraies pièces de confidentialité, vous n'avez pas de listes noires ou de pièces rejetées, car l'historique des transactions pour la pièce est caché.

MONERO

Les mécanismes par lesquels Monero et Zcash garantissent l'intraçabilité sont différents. Monero utilise deux technologies - sonner les transactions confidentielles et les adresses furtives - pour masquer l'expéditeur, le destinataire et le montant de la transaction. Essentiellement, si Alice veut envoyer Monero (MXR) à Bob, elle sélectionne au hasard quelques autres portefeuilles d'où l'argent qu'elle envoie à Bob pourrait provenir. À l'aide d'une cryptographie complexe, ces portefeuilles commencent à effectuer des transactions pour former un "anneau" de telle sorte que lorsque l'argent part finalement pour Bob, il n'est pas clair quel portefeuille dans l'anneau a autorisé la transaction.

Avec Monero, les fonds ne vont pas directement à Bob, cependant. Au lieu de cela, ils sont déposés dans une «adresse furtive», qui est essentiellement un casier vide sans aucune information d'identification. Bob a une clé spéciale qui lui permet de voir quels casiers (adresses furtives) lui sont destinés, et quand il veut dépenser le contenu de l'un de ces casiers, le processus recommence avec une nouvelle transaction confidentielle en anneau.

De cette façon, les informations d'Alice et Bob n'atteignent jamais la Blockchain. Ce sont toutes les adresses furtives qui se transforment en anneaux à tout moment, ce qui rend impossible de retracer le flux de fonds dans le bruit et difficile d'identifier qui possède quelle adresse furtive.

ZCASH

La technologie de traçabilité de Zcash fonctionne un peu différemment. Il utilise un système de tests cryptographiques appelé preuve de connaissance zéro. Le but d'une preuve de connaissance zéro est de vérifier une transaction sans rien savoir de ce qui se passe à l'intérieur de la transaction. La façon dont cela fonctionne implique trois composants: une clé générée (G) qui sert de test, une clé de vérification (P) qui montre que le prouveur peut répondre au test et une clé de vérification (V) pour vérifier la réponse du vérificateur.

Quand Adam veut envoyer Zcash à Betty, il reçoit une clé générée publiquement (G) du système. Adam utilise ensuite les informations sur la transaction (son adresse, l'adresse de Betty et le montant de la transaction) plus sa clé de preuve spéciale et combine ces informations avec G. Le système analyse ensuite sa réponse en utilisant V. Si la transaction proposée par Adam est valide, alors V sera vrai. Si la transaction n'est pas valide, V sera faux. Le système proposera quelques-uns de ces tests avec différentes clés générées (G). Bien qu'Adam ait pu deviner correctement une fois, en raison de la cryptographie derrière la preuve de connaissance zéro, il ne sera pas en mesure de répondre correctement correctement à moins que sa transaction ne soit valide.

Étant donné que les vérificateurs n'ont pas besoin de connaître les détails d'une transaction pour savoir qu'elle est vraie, le registre de la Blockchain Zcash n'a pas à inclure d'informations identifiables. Cependant, masquer l'expéditeur, le destinataire ou les deux sur Zcash est facultatif et n'est pas activé par défaut.

Monero et Zcash sont à la pointe du mouvement de confidentialité pour résoudre ces problèmes de traçabilité dans Bitcoin. Monero utilise des technologies cryptographiques appelées adresses furtives et sonne les transactions confidentielles pour garder l'expéditeur, le destinataire et le montant des transactions cachés de la Blockchain publique. Zcash, quant à lui, utilise des preuves à connaissance zéro pour permettre aux mineurs de vérifier les transactions sans avoir à connaître quoi que ce soit à l'intérieur de ces transactions. L'intérêt croissant pour la confidentialité a également conduit Ethereum à adopter des preuves à connaissance nulle pour ses transactions.

DASH

Dash est basé sur le logiciel Bitcoin, mais il est conçu pour résoudre certains des défauts inhérents au réseau Bitcoin. Le principe directeur de Dash est la convivialité et aide les nouveaux utilisateurs à rejoindre facilement le monde des crypto-monnaies. Dash apporte quelques changements clés au fonctionnement du Bitcoin.

Pour commencer, Dash est une autre pièce de confidentialité avec des mesures en place pour éviter le problème de traçabilité de Bitcoin. Dash accomplit son intraçabilité en utilisant l'une des premières formes d'obscurcissement, le mélange de pièces. L'idée est simple. Si tout le monde mettait ses pièces dans un pot, mélangeait le pot, puis retirait le même montant d'argent qu'il y avait mis, alors il aurait le même montant d'argent mais il serait incroyablement difficile de dire qui a obtenu quel argent d'où.

Le défi est que le mélange nécessite un certain type de coordinateur honnête qui mélangera le pot équitablement et redistribuera correctement les pièces de chacun. Dans Dash, le coordinateur du réseau est un groupe d'utilisateurs expérimentés appelés masternodes. Alors que Dash dépend toujours des mineurs pour faire la preuve du travail pour la Blockchain, l'algorithme Dash partage également une partie de la récompense de bloc pour chaque nouveau bloc avec les masternodes. Ces masternodes aident au mélange des pièces qui se produit tous les 10 blocs. Ils facilitent également les transactions qui peuvent être confirmées instantanément. Avec Dash, vous n'avez plus à attendre plusieurs blocs avant de confirmer votre transaction. Au lieu de cela, les masternodes aident à sécuriser et à surveiller les transactions que vous souhaitez envoyer instantanément. Dash appelle cette fonctionnalité InstantX, et vous pouvez l'activer ou la désactiver sur vos transactions Dash, moyennant des frais.

Dash prend également en charge des services qui vous permettent de lier une carte de débit à votre portefeuille Bitcoin ou Dash. Ces cartes de débit sont prépayées, mais elles convertissent automatiquement le BTC en votre devise locale et à la demande lorsque vous souhaitez recharger la carte. Vous permettant essentiellement de conserver vos économies bancaires en Bitcoin et de les convertir en monnaie locale uniquement lorsque vous en avez besoin. Bien que ce type de service soit bien en avance sur son temps, les devises basées sur la Blockchain pourraient devenir le lieu par défaut pour conserver de l'argent dans un proche avenir.

Les modifications apportées par Dash à la convivialité de Bitcoin: confidentialité, paiements instantanés et réseau à deux niveaux, font de Dash un concurrent incontournable de Bitcoin. Au moment de l'écriture, Dash est la cinquième crypto-monnaie la plus précieuse au monde, et son adoption se développe.

HYPERLEDGER

Hyperledger n'est pas une monnaie, pas une entreprise, ni même une Blockchain. C'est un projet des mêmes personnes derrière le système d'exploitation

Linux. L'idée est de développer des applications Blockchain et cryptographiques open source. Hyperledger espère être la plaque tournante du développement de la Blockchain, un centre d'échange pour les meilleures technologies open source.

Les gens d'Hyperledger sont simplement enthousiasmés par les applications possibles de la Blockchain. Depuis l'invention d'Internet, nous n'avons pas vu de technologie capable de modifier radicalement notre façon de penser les institutions, l'information et le transfert de valeur. Partant de cette conviction, la Fondation Linux a lancé le projet Hyperledger en 2015. C'est l'endroit où les grandes entreprises de la technologie et de la finance participent au développement de la Blockchain. Jusqu'à présent, le projet Hyperledger a le soutien de Samsung, Intel, IBM, Airbus, CISCO, American Express, JP Morgan, etc.

La pensée est que pour que la Blockchain soit utile à long terme, nous devons explorer de nombreuses applications possibles de la technologie et rendre l'accès aux informations de la Blockchain aussi équitable que possible. Hyperledger pense qu'il est possible que la Blockchain puisse avoir un impact sur tout ce que nous faisons dans notre vie quotidienne, et garantir une plate-forme neutre et ouverte pour la nouvelle technologie fait en sorte que tout le monde en profite et que personne ne soit laissé de côté.

Au lieu de créer une pièce, comme de nombreux autres projets de Blockchain, Hyperledger se concentre sur la création de projets et de plateformes. Ils jettent les bases et l'infrastructure d'un futur projet basé sur la Blockchain en créant des bases de code, des bibliothèques, des conventions, des normes, des cadres et des outils qui rendent le développement de la Blockchain plus facile et plus rapide.

IOTA

IOTA signifie Application de l'Internet des Choses, et il espère être l'infrastructure de milliards d'appareils intelligents - comme des capteurs, des caméras et des jauges - qui sont et seront connectés à Internet. Ces appareils intelligents ont besoin d'accéder à des ressources telles que l'électricité, la bande passante, le stockage de données et la puissance de calcul, mais il n'y a actuellement aucun moyen pour eux de partager ces ressources sur Internet des objets.

La vision de l'IOTA est de permettre aux appareils de communiquer et d'acheter des ressources les uns aux autres en utilisant des microtransactions à des fractions de centimes. Afin de faciliter un système de microtransaction rapide, sans frottement et gratuit, IOTA a supprimé la Blockchain. Au lieu de cela, ils utilisent une technologie cryptographique connexe connue sous le nom de graphe acyclique dirigé (DAG) pour créer un réseau complexe de transactions. Pour publier une nouvelle transaction sur IOTA, vous devez d'abord vérifier deux autres transactions. IOTA appelle sa chaîne DAG «The Tangle». Une grande partie de l'infrastructure IOTA est nouvelle et relativement non testée, il y a donc lieu de s'inquiéter. Cependant, si les développeurs peuvent retirer un système fonctionnel, ils pourraient créer une toute nouvelle économie de microtransactions gratuites qui était auparavant impossible en raison des frais de transaction.

RIPPLE (*L'AVENIR DE L'ARGENT*)

Ripple est une plateforme de paiements transfrontaliers et de devises pour faciliter ces paiements. Ce qui rend Ripple différent des autres crypto-monnaies, c'est qu'ils ne cherchent pas à renverser le système actuel des institutions financières. Au lieu de cela, Ripple se vend comme une solution de paiement et un fournisseur de liquidité pour les banques et les processeurs de paiement.

Les paiements, en particulier au-delà des frontières, sont lents et coûteux. Les banques n'ont pas rattrapé la révolution technologique qui nous a donné Internet et un accès immédiat à l'information. En fait, les virements bancaires prennent encore des jours à traiter et nécessitent souvent des frais élevés. Ripple utilise la cryptographie de la Blockchain, déployée sur un réseau de vérificateurs de confiance, pour permettre des paiements instantanés pour les banques avec des frais et des besoins de liquidité inférieurs.

L'idée derrière Ripple est d'agir comme une infrastructure pour les institutions financières existantes. Là où de nombreuses autres crypto-monnaies tentent de remplacer ou de concurrencer les institutions financières, Ripple embrasse ces institutions et offre un moyen basé sur la Blockchain de traiter les transactions qui sont plus efficaces. Cela semble fonctionner. Ripple a déjà gagné l'adoption de plus de 100 institutions financières, y compris American Express, et avec une adoption continue, Ripple pourrait devenir une norme de l'industrie pour les paiements.

La monnaie Ripple est la quatrième crypto-monnaie la plus précieuse au monde à ce jour. Cela est largement dû à la forte demande de Ripple comme moyen de régler les paiements entre les banques qui opèrent avec des devises différentes. À l'aide de RippleNet, les banques peuvent transférer et régler des comptes en monnaies fiduciaires, comme des dollars ou des livres, mais elles peuvent tout aussi facilement utiliser la monnaie de Ripple pour régler les dettes au sein du système.

L'adoption A Grande Échelle Par Les Entreprises

Hyperledger, IOTA et Ripple - ainsi que les contrats intelligents d'Ethereum - montrent le potentiel des technologies de Blockchain en dehors du domaine strict de la crypto-monnaie. La Blockchain est une technologie qui fonctionne plus rapidement et utilise moins de ressources que les systèmes actuels dans de nombreuses industries.

En conséquence, les entreprises mettent en œuvre leurs propres solutions de Blockchain internes et privées qui utilisent plus efficacement leur puissance de calcul actuelle et leur réseau de bureaux et de centres de données. Microsoft développe Project Bletchley, une Blockchain-as-a-service ouverte et modulaire que les entreprises peuvent utiliser aux côtés de technologies comme Azure pour répondre aux besoins de leurs logiciels et serveurs d'entreprise. Accenture et JP Morgan travaillent sur des registres distribués d'entreprise avec des fonctionnalités supplémentaires pour l'autorisation et la sécurité. IBM propose également des services de Blockchain d'entreprise.

Bien sûr, les banques envisagent des moyens par lesquels la Blockchain pourrait alimenter les paiements, et un collectif de banques s'est réuni pour essayer de faire quelque chose de similaire à ce que Ripple fait déjà pour l'infrastructure de paiement. En dehors de la finance, les leaders de l'intelligence artificielle envisagent des moyens d'utiliser la puissance de calcul de l'extraction de Blockchain pour former des algorithmes d'apprentissage automatique sur de grands ensembles de données. La Blockchain est très prometteuse en matière de cybersécurité, car elle rend les systèmes uniquement en annexe et cryptographiquement très difficiles à modifier ultérieurement. Nous verrons probablement la Blockchain appliquée à la gestion de la chaîne d'approvisionnement, car les stocks et les demandes de commandes sont toujours des livres qui peuvent facilement être ajoutés aux blocs. De même, les soins de santé et les dossiers des patients pourraient être révolutionnés avec la Blockchain qui peut stocker des données de manière anonyme et les révéler uniquement lorsqu'un patient présente à son médecin une clé de vue privée.

Les applications sont passionnantes et apparemment infinies pour la Blockchain et il est difficile de savoir à quel point la technologie Blockchain révolutionnera notre monde et combien de temps cela pourrait prendre.

LES DAPPS ET DAOS DE BLOCKCHAIN VONT-ELLES TOUT CHANGER?

Les amateurs de Blockchain brossent un tableau du monde où les institutions ont perdu et la Blockchain a gagné. Tout, de votre compte bancaire à votre assurance automobile en passant par le vote, se fait désormais sur la Blockchain via des organisations et applications autonomes décentralisées. En raison de cette décentralisation, les institutions n'ont plus d'influence sur nos décisions ou les données nous concernant. Nos vies sont plus efficaces car les transactions sont plus rapides, moins chères et plus sûres car le réseau crée la confiance entre étrangers.

D'un autre côté, les détracteurs de la Blockchain croient que la technologie est une bulle, trop hypée et pas aussi révolutionnaire que ses fans le prédisent. Quiconque croit que les puissantes institutions d'aujourd'hui vont se laisser renverser est naïf. Bien que la technologie soit utilisée, elle aidera les grandes institutions à dégager des marges de profit plus importantes sans changer du tout l'expérience de vie de la personne moyenne.

En vérité, le véritable avenir de la Blockchain se situe quelque part au milieu. La plupart des gens n'apprécient pas que la technologie de la Blockchain en soit encore à ses balbutiements, et elle ne sera pas prête à résoudre d'énormes problèmes mondiaux pendant encore 5 à 10 ans. Lorsqu'il atteindra cette maturité, il sera probablement mis en œuvre par les grandes sociétés et institutions. Cela les aidera à gagner plus d'argent et cela rendra nos vies plus efficaces également.

Le nœud du problème est que la Blockchain n'est toujours pas utile. Même avec la hausse des prix des crypto-monnaies, elles ne sont pas du tout proches du grand public, et il est difficile de les utiliser pour acheter quelque chose d'utile, encore moins pour payer votre loyer ou votre facture d'électricité. Bien que la technologie ait un énorme potentiel, elle nécessitera toujours un développement intensif avant de devenir courante. Il échouera probablement aussi, parfois de manière spectaculaire, avant de réussir.

LA DECENTRALISATION A LE POTENTIEL DE REVOLUTIONNER LA VIE COMME NOUS LE CONNAISSONS

L'ère numérique a commencé avec les ordinateurs personnels décentralisant la puissance de traitement. Les premiers PC signifiaient que n'importe qui pouvait utiliser des ordinateurs pour répondre aux questions et créer du nouveau contenu. L'information décentralisée sur Internet. Désormais, n'importe qui dans le monde peut trouver des informations sur presque tous les sujets à l'aide d'une recherche rapide sur Google, ce qui entraîne une explosion des connaissances et de la créativité. La Blockchain va décentraliser la confiance, et ce n'est pas une mince affaire.

Lorsque deux étrangers peuvent faire des affaires ou échanger de la valeur gratuitement n'importe où dans le monde, cela change fondamentalement le fonctionnement de l'économie mondiale. L'absence de barrières me permet de créer facilement un contrat avec quelqu'un au Nigéria, au Tibet ou aux Fidji à partir de chez moi, et en raison de la façon dont les contrats intelligents sont construits, je sais que je ne serai pas victime d'une arnaque ou de mon argent. Le contrat ne paiera que lorsque les conditions du contrat seront remplies. La confiance est un problème humain fondamental, de la gouvernance aux informations, aux paiements, aux soins de santé et aux transports. Nous devons pouvoir faire confiance à des étrangers, comme votre pilote d'avion ou votre agent de police local, et la Blockchain aide à cela.

LES OBSTACLES REGLEMENTAIRES

Bien sûr, la mise en œuvre des technologies de la chaîne de blocs n'est pas sans obstacles, et la réglementation gouvernementale semble être la plus importante d'entre elles. Les gouvernements ont de réelles préoccupations concernant l'identité, la confiance et la validation en ce qui concerne leurs citoyens. Une technologie qui crée la confiance sans avoir besoin d'identité ou de citoyenneté est une menace pour le gouvernement lui-même, mais elle rend également difficile l'application de certaines lois, en particulier en ce qui concerne les matières dangereuses, les drogues et d'autres types de trafic illicite.

Avec la croissance actuelle de la crypto-monnaie, les gouvernements s'inquiètent naturellement des lois anti-blanchiment qui ont été mises en place pour empêcher les criminels et les terroristes de laver des fonds illégaux. Ces groupes pourraient investir dans une crypto-monnaie privée, déplacer l'argent de manière introuvable, puis le retirer d'un autre compte. Pour cette raison, la plupart des gouvernements ont mis en place une réglementation de vos clients qui s'applique aux échanges qui convertissent les crypto-monnaies en monnaies fiduciaires (dollars / livres / yen).

De même, les gouvernements s'inquiètent de la manière dont les contrats intelligents pourraient être utilisés pour créer des accords commerciaux qui seraient autrement considérés comme illégaux. Lorsque ces contrats sont négociés par le biais d'avocats et de banques, le gouvernement a les moyens d'intervenir auprès de l'institution coordinatrice. Cependant, avec les contrats sans établissement, il devient plus difficile pour le gouvernement de surveiller et de vérifier la légalité de chaque contrat intelligent.

À mesure que la Blockchain gagne en popularité, le nombre de réglementations concernant son utilisation peut également augmenter. Mais le principal défi consiste à réglementer quelque chose de décentralisé. Je pense que nous sommes tous d'accord pour dire que nous ne voulons pas que la Blockchain fasse du mal, mais comment appliquez-vous cela? Et qui décide de ce qui est nocif? Ces questions sont éthiques, mais elles n'ont pas non plus de moyen clair pour le gouvernement d'intervenir. Alors que le gouvernement tente de créer des moyens d'intervenir, il pourrait compromettre la décentralisation de la Blockchain qui en a fait une technologie si utile en premier lieu, faisant de la réglementation de la Blockchain un scénario sans issue.

La Possibilite De L'internet Du Futur, Alimente Par Blockchain

Nous avons atteint la fin, et j'espère que vous avez apprécié cette profonde plongée dans toutes les choses Blockchain. Bien sûr, il y a des centaines de projets basés sur Blockchain que ce petit livre ne pouvait pas aborder, et les détails techniques de chaque projet sont fascinants eux-mêmes. Si vous avez trouvé ce livre intéressant, je vous recommande de plonger plus profondément dans différents livres et sites Web afin que vous puissiez mettre en contexte ce que vous avez appris ici. Je recommande particulièrement d'en apprendre davantage sur la cryptographie et sur la façon dont elle facilite l'ensemble de l'écosystème de la Blockchain.

Au cours des prochaines années, les premières technologies décrites dans ce livre finira par commencer à paraître enfantines par rapport aux applications futures de Blockchain. Tout comme les sites Web statiques dans les années 1990 n'ont aucune ressemblance avec les applications Web très interactives d'aujourd'hui, de sorte que les projets de Blockchain se développeront dans la complexité et la convivialité. Nous finirons tous par utiliser des technologies basées sur la chaîne de blocs dans le cadre de notre vie quotidienne. Il s'intégrera harmonieusement au reste de nos vies, et il rendra la vie un peu plus facile pour tout le monde.

A Propos De L'auteur

Alan T. Norman est un pirate informatique fier, avisé et moral de la ville de San Francisco. Après avoir reçu un baccalauréat en sciences à l`Université de Stanford, Alan travaille maintenant pour une entreprise de technologie de l`information de taille moyenne au cœur de SFC. Il aspire à travailler pour le gouvernement des États-Unis en tant que pirate de sécurité, mais aime également enseigner aux autres sur l`avenir de la technologie. Alan croit fermement que l`avenir dépendra fortement des «geeks» informatiques pour la sécurité et les succès des entreprises et des emplois futurs. Dans ses temps libres, il aime analyser et scruter tout ce qui concerne le basket-ball.

LIVRE BONUS: BITCOIN WHALES

Lien vers le livre: http://bit.ly/2LprwpV

MASTERING BITCOIN FOR STARTERS

CRYPTOCURRENCY INVESTING BIBLE

CRYPTOTRADING PROFESSIONNEL: GAGNEZ VOTRE VIE AVEC DES STRATÉGIES, DES OUTILS ET DES TECHNIQUES DE GESTION DES RISQUES ÉPROUVÉS

HACKING: COMPUTER HACKING BEGINNERS GUIDE

HACKING: HOW TO MAKE YOUR OWN KEYLOGGER IN C++ PROGRAMMING LANGUAGE

HACKED: KALI LINUX AND WIRELESS HACKING ULTIMATE GUIDE

AVEZ-VOUS PROFITÉ DU LIVRE?

Si c'est le cas, alors faites-le moi savoir en laissant un commentaire sur Amazing! Les critiques sont la pierre angulaire d'auteurs indépendants. J'apprécierais même quelques mots et notes si vous avez le temps.

SI VOUS N'AVEZ PAS APPRÉCIÉ CE LIVRE, VEUILLEZ ME LE DIRE! Ecrivez-moi à alannormanit@gmail.com et dites-moi ce que vous n'avez pas aimé! Peut-être que je peux le changer. Dans le monde d'aujourd'hui, un livre n'a pas besoin d'être stagnant, il peut s'améliorer avec le temps et les retours de lecteurs comme vous. Vous pouvez avoir un impact sur ce livre et vos commentaires sont les bienvenus. Aidez à rendre ce livre meilleur pour tout le monde!

www.ingramcontent.com/pod-product-compliance
Lightning Source LLC
LaVergne TN
LVHW010344200726
843507LV00010B/1641